맹자에게 배우는 나를 지키며 사는 법

• **일러두기**

　본문 인용 중 『맹자』에서 인용한 경우는 편명만 표기하기로 한다.

맹자에게 배우는 나를 지키며 사는 법

김월회 지음

EBS
BOOKS

맹자를 둘러싼 오해와 진실

나? 맹자다. 이승을 떠나온 지는 2,300년 남짓 되었다. 내가 살던 시대, 살던 곳과 동떨어진 21세기 한국 독자에게 말을 건 까닭은 나에 대해, 또 살아생전 내가 한 말을 모아 둔 책『맹자』에 대하여 꽤 오래된 오해를 풀었으면 해서다. 세부적으로 따지면 풀어야 할 오해가 제법 되지만, 오늘은 그 가운데서 대표적이라 할 만한 것 세 가지에 대해 바로잡아 보려 한다.

맹자, 자기소개를 하다

참, 오해를 풀기 전에 먼저 예를 갖추고자 한다. 이승에 있을 때 도덕을 사뭇 강조했던 나였던 만큼 간략하게라도 자기소개를 하는 게 도리일 듯싶다. 그런데 내가 세상을 떠나온 지가 너무 오래되어서 정확하게 내가 언제 태어나서 죽었는지 기억이 가물가물하다. 저승에 와서 이승의 기억을 계속 간직할 필요가 없어 생긴 일이니 모쪼록 양해를 구한다.

기억을 더듬어 보니 대략 서기전 372년쯤에 태어난 것 같고 289년쯤에 저승으로 온 듯싶다. 내가 살았던 시대를 후세 사람들은 '전국(戰國)시대'라고 불렀다. '싸우는 나라들의 시대'라는 뜻인데, 당시는 최고통치자인 천자의 힘이 너무나도 미약했고 '넘버 2'인 힘 있는 제후들이 '넘버 1'인 천자를 무시하고 부국강병을 획책하던 시대였다. 허구한 날 전쟁이 일어났던, 한마디로 약육강식의 밀림과도 같은 일상이 펼쳐지던 시절이었다. 그러니 생각 좀 있는 사람이라면 중국의 통일을 갈구할 수밖에 없었다. 서로 나뉘어 저마다 중국의 패권을 쥐기 위해 싸운 것이니 평화를 실현하는 길은 모두가 통일되는 것 외에는 없어 보였다.

당시 나는 '추(鄒)'라고 불리던 나라에서 태어났다. 추나라는 공자의 조국인 노나라 옆에 붙어 있던 소국이었다. 내 이름은 '가(軻)'였다. '맹자'는 사람들이 나를 높여 불러 준 호칭이고, '맹가'가 내 성명이다. 저 옛날에는 이름과 함께 '자'라고 하는 또다른 별칭이 있었는데, 내 자는 '자여(子輿)'였다. 그러니까 나는 맹가 또는 자여, 맹자 등으로 불렸던 것이다.

나는 젊어서부터 공자를 사숙했다. 공자 사후 100여 년 후에 태어나 공자에게 직접 배울 수는 없었기 때문이다. 대신 자사에게서 공자의 학문을 배웠다. 다만 자사도 내가 태어나기 전에 세상을 떴던지라 직접 배울 수는 없었고, 그에게 직접 배운 제자로부터 자사가 공자 제자인 증자에게 배운 바를 전수받을 수 있었다. 그러니까 나는 '공자-증자-자사'로 이어지는 학맥을 이은 셈이다. 훗날 사람들이 나를 유학 중에서도 '사맹학파'에 속한다고 분류했는데, '사맹'은 자사와 맹자에서 자를 뺀 나머지를 이어 칭한 것이다.

지금은 '공맹'이라 부르면서 나를 공자와 함께 유학을 대표하는 학자로 꼽지만, 나는 살아 있을 때 그렇게 독보적이지는 않았다. 이에 대해서는 뒤에서 좀 더 자세하게 말하기로 하고, 사후 나에 대한 평가는 나보다 두어 세대 후배인 순자와 병칭되면서 전국시대 유가를 대표하는 학자라는 정도였다. 그러다 송대 이후 등장한 성리학에 의해 공자의 정통을 잇는 학자로 추켜세워지면서 공자와 맹자의 준말인 '공맹'으로 병칭되었다. 심지어 유가의 8대 성인, 그러니까 요임금·순임금·우임금·탕왕·문왕·무왕·주공·공자의 계보를 잇는 아성(亞聖), 곧 성인에 버금가는 현자로 추켜세워졌다. 그러면서 내가 한 말이 담겨 있는 책인 『맹자』도 중시되었다.

내가 살던 시대는 사전 기획에 의해 책을 쓰는 현상이 출현하지 않았던 때였다. 서로 주고받았던 말을 기억하고 있다가 나중에 문자로 기록하면 그것이 책이 되던 시절이었다. 그래서 맹자로 불렸던 내가 한 말이 담겼다고 해서 책 이름도 '맹자'였다. 여기서도 양해를 구해야 할 바가 있다. 역시 기억이 오래되어서 내 책 『맹자』를 내가 직접 기록했는지, 내 제자들이 기술했는지, 나랑 제자들이 함께 서술했는지가 가물가물하다. 그런데 내가 저승으로 온 지 백수십 년쯤 뒤에 나온 역사가 사마천이 나랑 제자들이 함께 엮었다는 증언을 남긴 것을 보면 내가 노년에 제자인 만장 등과 함께 엮은 것이 맞는 듯도 싶다.

내가 한 말이 담겨 있는 『맹자』는 총 7편으로 이루어졌다. 각 편마다 상편과 하편이 있으므로 요새 식으로 따진다면 모두 14장으로 구성된 셈이다. 앞에서도 말했듯 책을 쓰기 전에 어떤 식으로 책을 써야겠다고 설계부터 한 것이 아니어서 14장의 내용이 체계적으로 구성되어 있지는 않다. 장별로 특정 주제를 다루고 있지도 않다. 주로 대화를 나눈 상대, 그러니까 양나라의 혜왕이나 제나라의 선왕, 등나라의 문공같이 내가 생전에 만났던 위정자들, 공손추나 만장 같은 제자들과 나눈 대화, 그리고 내가 설교조로 한 말 등이 일정한 기준이나 체계 없이 7편에 나뉘어 수록되어 있다. 비록 꼼꼼한 사전 기획에 의한 저술은 아니었지만 그래도 나 맹자에 대해 많은 내용을 담고 있는데다, 성리학의 시대를 맞아 내 말이 점차 주목받다 보니 내 사후에 많은 이들이 『맹자』를 중시했다.

맹자는 늘 공자의 적통이었다?

자, 이제 본격적으로 나와 『맹자』에 대한 오해를 하나씩 풀어 가고자 한다. 첫 번째 오해는 "맹자는 늘 공자의 적통이었다"는 견해이다. 이는 "『맹자』는 줄곧 유학의 핵심 경전이었다"는 견해와 안팎을 이루는 오해이기도 하다.

정답부터 밝히자면 "아니오!"이다. 내가 늘 공자의 적통이었던 것도 아니고, 내 어록인 『맹자』가 줄곧 유학의 핵심 경전이었던 것도 아니다. 겸손해서 하는 얘기가 아니다. 법가사상을 집대성한 한비자의 증언에 의하면 공자 사후 공자의 제자들은 모두 여덟 개 분파로 나뉘어 공자의 학술을 계승하고 전파했다고 한다. 나는 그중 증자에게서 자사로 이어지는 학맥에 속한 유학자 중의 한 사람이었지, 내가 그 여덟 분파를 압도하며 공자의 학술을 대표하는 자로 추켜세워지지는 않았다.

내가 공맹이라 불리며 공자의 적통으로 꼽히면서 유학의 핵심으로 발돋움한 것은 성리학이 출현한 이후의 일이다. 성리학은 송대 후엽에 집대성된 유학의 한 학파로, 8세기 중엽부터 단서가 갖춰지기 시작하다가 송대 초엽인 10세기 무렵부터 본격적으로 발전했고 12세기에 들어 주희에 의해 집대성되었다. 따라서 내 사후 적어도 천수백여 년 동안 나는 공자의 유일무이한 적통으로 여겨지지는 않았다. 사실 굳이 따지자면 후배 유학자였던 순자가 공자의 적통으로 인정받았다고 봄이 타당하다. 이는 내 말이 수록된 『맹자』가 제자백가서의 하나, 그러니까 『노자』, 『묵자』, 『장자』, 『한비자』 같은 사상서의 하나로 대접받은 데서도 확인된다. 처음부터 유학의 경전으로 취급되지는 않았다. 내가 공자의 적통으로 인정되었다면 『맹자』가 공자의 어록인 『논어』에 버금가게 중시되었어야 할 터인데 실상은 그렇지 않았다는 것이다. 성리학이 출현하기 전 유학의 경전은 『논어』와 오경(五經), 곧 『시경』·『서경』·『역경』·『춘추』·『예기』로 대변되었지 내 어록인 『맹자』는 그 축에 절대로 끼지 못했다.

반복해서 말하지만, 내 책이 유학의 주요 경전으로 거듭난 것은 성리학의 시대에 와서의 일이었다. 주희는 내 어록인 『맹자』를 『논어』·『대학』·『중용』과 묶어 '사서(四書)'라 칭하고는 이를 오경보다 더 중시하기 시작했다. 사서라는 유학의 경전은 저 옛날부터 있었던 것이 아니라 주희 때에 와서 비로소 성리학의 경전 체계로 새롭게 재구성된 것이다.

맹자의 학설은 항상 널리 지지되었다?

다음은 두 번째 오해를 풀 차례다. 내 학설은 항상 널리 지지되었다는 오해가 그것이다. 이 오해는 내 책이 한 무제 때, 그러니까 서기전 1세기 무렵, 공자의 학설이 제국 최고 통치 이념으로 격상된 당시부터 꾸준히 중시되어 왔다는 오해와 밀접하게 연관되어 있는데 답부터 밝히면 역시 "아니오!"이다.

해명하기에 앞서 잠깐 내 자랑 좀 하겠다. 내 학설 중 널리 알려진 것이 자못 된다. 민본주의나 왕도정치론 같은 건 나만 주장했던 학설이 아니니 논외로 쳐도 제법 알려진 것만 해도 한 서너 가지는 된다. 인간은 신분 고하를 막론하고 언제 어디서 태어났든 모두 그 본성이 선하다는 '성선설'을 필두로, 천명이 떠난 왕조는 갈아치워야 한다는 '역성혁명론', 흉년이 들어도 기본적 생활을 가능하게 해 주어야 비로소 일정한 도덕심을 지닐 수 있다는 '항산항심론' 등이 그것이다. 물론 이 중 대표를 꼽으라고 하면 아무래도 성선설이라고 할 수 있다. 그런데 널리 알려졌다고 하여 다 높이 평가된 것은 아니었다.

성선설도 그러했다. 후배인 순자가 이론적으로 정리한 성악설, 그러니까 인간은 죄다 악하게 태어난다는 관점에 비해 그 반대인 성선설이 왠지 인기가 많았을 듯싶은데 성리학의 시대에 들어서야 비로소 일반적으로 높이 평가되기 시작했을 뿐이다. 뒤집어 말하면 성리학의 시대 이전에는, 줄잡아 천수백여 년 동안에는 성선설이 주류 학설이 되지 못했다. 특히 내가 살았던 전국시대에 성선설은 비유컨대 섬과도 같은 학설이었다. 널리 지지받기는커녕 소수 견해에 머물렀다.

나의 또 다른 대표 학설인 역성혁명론은 제법 지지받았다. 춘추시대의 역사를 다룬 『춘추좌전』에 "만약 백성의 생활을 곤

궁케 하고 신을 소홀히 모시고 제사를 거르면 백성이 절망하고 사직에는 주인이 없게 되니 그런 군주를 장차 어디에 쓸 수 있겠습니까? 그러니 제거하지 않고서 어찌하겠습니까?"라는, 당시 중원에 현자로 명성이 자자했던 사광이란 이의 질타가 실려 있듯이, 역성혁명은 나만의 고유한 견해가 아니라 실은 당시 제법 퍼져 있었던 사유였다. 지지를 제법 받았다는 얘기다. 그런데 인간 본성에 대한 견해는 당시 성악설 내지 인간 본성에는 선함도 악함도 없다는 성무선악설이 주류였다. 그렇다 보니 성선설에는 호응이 그다지 크지 않았다.

사실 성선설뿐만이 아니었다. 평생에 걸쳐 줄기차게 외쳤던 왕도정치론도 인기 없기는 마찬가지였다. 역사가 사마천이 『사기』에서 "맹자는 제나라 선왕에게 유세하였으나 선왕에게 등용되지 못하였고, 양나라로 갔지만 양 혜왕도 맹자가 말한 바를 실행하지 않았으니, 맹자의 말이 세상 물정 몰라 현실과 동떨어져 있다고 여겨졌기 때문"이라고 한 증언은 사실이었다. '전국칠웅'이라 불리던 7대 강대국이나 그 밖의 약소국 모두 어떡하든 부국강병을 일구어 내고 말리라는 것이 시대정신이었던 시절이었으니 도덕만이 중국에 영구한 평화를 가져올 것이라는, 성인의 말씀만이 국가와 백성 모두를 평안케 할 수 있다는 내 주장이 먹힐 가능성은 애초부터 매우 낮았다. 내 주장이 실현되려면 시일이 자못 걸렸는데, 그 사이에 부국강병을 일군 나라가 쳐들어오면 결국 당할 수밖에 없는 게 현실이었으니 말이다.

『맹자』는 맹자의 사상이 실린 철학서이다?

다음은 세 번째 오해이다. 『맹자』는 철학서라는 오해가 그것이다. 이 오해는 "『맹자』라는 책의 성격은?"이라는 물음과 맞닿아 있다. 역시 답부터 밝히면 이번에는 "반은 맞고 반은 틀렸다!"이다. 『맹자』를 철학서로 볼 수도 있지만 『맹자』는 철학서이기만 한 것은 아니라는 뜻이다.

내가 "『맹자』는 철학서이다"라고 하지 않고 "철학서로 볼 수도 있다"고 한 까닭은 실은 내가 살던 시대에는 지금 이승에서처럼 철학, 문학, 사학 같은 구분이 없었기 때문이다. 따라서 말년에 제자들과 함께 내 어록을 정리할 때 "우리가 철학 서적을 엮어 내고 있다"는 식의 인식은 전혀 없었다. 내 책을 철학서로 볼 수도 있다는 것은 어디까지나 문학−역사−사학 식의 구분이 일반화된 이후의 일이다.

내친김에 살펴보면 근대 이후 내 책은 주로 수신이나 입신처세를 위하여 읽힌다고 한다. '수신서'로서의 『맹자』라고나 할까, 삶과 사회에 대하여 옛 성현이 밝혀 놓은 진리가 담긴 책으로 보고 그 진리를 삶 속에서 실천하고자 하는 자세로 내 책을 본다는 것이다. 그런가 하면 좀 더 자본주의적으로 활용되기도 한다고 들었다. '처세서'로서의 『맹자』라고나 할까, 내 책을 자기 경영이나 사업 경영 등에 미덥게 기댈 만한 언덕으로 활용하기도 한다. 내 책이 일종의 '교양서'로 읽히는 셈이다. 물론 이러한 용도만으로 내 책이 활용되는 건 당연히 아니다. 학자들은 내 책을 학문 연구의 중요한 자료로 활용한다. 내 책을 '학술서'로 대하는 것이다. 가령 철학이나 역사학의 연구 대상으로 삼아 나를 비롯하여 전국시대 사람들의 세계관·사상·윤리 등을 연구하기도 하고, 내 책에 서술된 바를 기초로 전국시대의 역사를 연구하기도 한다. 그런가 하면 문예학이나 언어학의 연구 대상으로 삼기도 한다. 내 책에 실린 글은 내가 살던 전국시대의 글로 고대 중국인의 글쓰기와 중국어 연구의 중요한 자료이기도 하다. 따라서 내 책은 전국시대 글과 말을 문예학적·수사학적·언어학적 차원에서 연구할 때 활용할 수 있는 쏠쏠한 자료이기도 하다.

그러면 나는 내 어록을 어떤 성격의 책이라고 생각하며 엮었을까? 굳이 한마디로 답하자면 내 책, 그러니까 『맹자』는 '문명의 텍스트'라고 할 수 있다. 문명의 텍스트는 문명을 빚어내고 유지하며 갱신해 감에 마르지 않는 원천 역할을 수행하는 텍스트를 가리킨다. 여기서 문명은 구체적으로 말하자면 바로 내가 태어나고 살았던 중국의 문명이다. 한마디로 나는 중국 문명을 유지하고 잘못된 바를 교정함으로써 한층 나은 미래를 빚어 가기 위한다는 마음가짐으로 『맹자』를 엮었다. 이러한 의미에서 문명의 텍스트는 곧 '미래를 빚어내는 텍스트'라고도 할 수도 있다.

내가 염원했던 미래는 여러 제후의 나라로 나누어진 채로 중국의 패권을 놓고 서로 무한 쟁투를 벌이는 상황을 종식하고 하나의 중국을 이루어 왕도정치에 의거해 태평성대를 구가하는 것이었다. 따라서 『맹자』에는 나의 이러한 미래 기획이 오롯이 담겨 있다. 이를 중국을 '크게 통일한다'는 뜻에서 대일통(大一統) 기획이라고 부르곤 했는데, 이를 위해 나는 내 책에서 '대일통 중국'의 실현을 위한 윤리학과 정치학, 경제학을 제시했고, 아울러 철학적·역사적·문화적 토대도 제시했다. 이러한 점에서 내 어록인 『맹자』는 무엇보다도 먼저 전국시대를 살아간 나, 맹자라는 지식인이 그려 낸 중국 문명의 미래 기획을 담은 문명의 텍스트로 대해 달라는 당부를 하고 싶다.

『맹자』는 왜 읽어야 할까?

이제 내 얘기를 마무리해야겠다. 저승으로 떠나온 지 2,300여 년이나 된 내가 굳이 다시 나타나 발언을 한 까닭은 앞서도 말했듯이 나와 내 책에 대한 몇 가지 오해를 풀기 위해서였다. 이는 나에게는 무척이나 의미 깊은 일인지라 염치 불고하고 나섰다. 그런데 2,300여 년 전 사람이 중국에서 한 얘기를 담고 있는 『맹자』를 디지털 대전환, 에너지 대전환 등이 속속 일어나고 있는 21세기 한국의 독자가 읽어야 할 필요는 대체 무엇일까?

가만히 생각해 보면 이는 저승에 있는 내가 답할 수 있는 성격의 문제가 아닌 듯하다. 나는 살아생전 내가 맞닥뜨린 삶의 조건에서 나 자신과 마주했던 사회, 역사적·자연적 환경과 치열하게 대화하며 내 삶을 살아냈고, 그 과정에서 깨우친 바를 어록 형태의 책으로 묶어 역사라는 무대에 남겼을 따름이다. 단적으로 당시 나는 2천여 년 후 한국이라는 곳에서도 내 이름을 거론하며 내 책을 읽는 이가 있을 것이라는 상상은 추호도 할 수 없었다. 그러니 내 사유를 접하고 내 책을 읽어야 하는 필요는 오롯이 21세기 한국에 살고 있는 독자들 스스로 찾아가야 할 몫이다.

　　다만 나는 자신한다. 내 책에 담긴 내용에 시대와 지역을 가로지르는 힘이 담겨 있음을 말이다. 2,300여 년 전 중국에서나 경쟁력을 가졌던 책에 불과하지는 않다는 얘기다. 이는 내 책이 '고전'이라 불리며 근대 이전만이 아니라 근대 이후로도, 또 한자권뿐만이 아니라 서구에서도 그 쓸모가 거듭 인정되면서 꾸준히 읽혀 왔다는 사실을 통해서 쉬이 입증된다. 마침 한국에 나를 연구한 이가 있어 나와 『맹자』를 소개한다고 하니, 이제 그의 손을 통해 나와 『맹자』의 쓸모가 하나하나 제대로 밝혀지기를 기대해 본다.

차례

제1부

'홀로'일지라도 나아가는 삶

인간다움,
인간답게 사는 길

∩∩∩∩

맹자는 사람은 언제든, 또 어디서든 누구나 착하게 태어난다고
믿었다. 이 말은 사람은 누구나 악하게 태어난다고 보는 견해
에 비해 한층 좋게 느껴진다. 문제는 현실에, 또 역사에 버젓이
살고 있고, 또 있어 왔던 악인들의 존재다. 모두가 착하게 태어
났다면 대체 그 많은 악인은 다 어디서 왔냐는 물음에 답변이
궁색해지기 때문이다.

:: 사람, 하늘을 닮은 존재

　　　　그래서인지 맹자의 견해는 현실에서
그다지 호응받지 못했다. 나중에 성리학이 등장하여 맹자가 공
자에 버금가는 현인으로 추켜세워진 후에는 맹자의 견해가 정

통으로 거듭났지만, 그전까지 맹자 사후 줄잡아 천수백여 년 동안은 맹자의 견해가 결코 주류적 견해는 아니었다. 그런데 맹자는 왜 사람은 누구나 다 착하게 태어난다고 확신했을까?

바로 사람이 하늘을 닮았다고 보았기 때문이다. 옛사람들은 하늘이 세상 만물을 다 낳고 각각의 품성을 내려주었다고 여겼다. 사람도 마찬가지로, 맹자는 다른 존재와 달리 사람은 하늘로부터 선함을 부여받아 태어난다고 보았다. 사람의 본성은 다 선하다는 성선설을 제창한 근거다. 그러면 사람이 하늘의 선함을 타고났다는 건 어떻게 입증할 수 있을까?

맹자는 마음에 주목했다. 사람은 다른 존재와 달리 마음이라는 것을 지니고 있는데 "이 마음은 하늘이 사람에게 부여한 것"[1]이기에 마음을 가만히 들여다보면 거기에는 하늘이 부여한 선함이 자리 잡고 있음을 알게 된다고 여겼다. 이를테면 사람이라면 누구나 다 남을 측은하게 여기는 선함을 마음에 지니고 있다는 것이다. 맹자는 이러한 예를 들었다.

이제 사람이 언뜻 아이가 우물에 빠질 것 같은 장면을 보면 모두가 깜짝 놀라며 측은해하는 마음을 품게 된다. 이는 그 아이의 부모와 교유를 하고자 한 것도 아니고 고을의 벗들로부터 칭찬을 받고자 함도 아니며 아이를 구해 주지 않았다는 소리를 듣기 싫어서 그런 것도 아니다. 이로 보건대, 측은해하는 마음이 없으면 사람이 아니다.

····· '홀로'일지라도 나아가는 삶

今人乍見孺子將入於井, 皆有怵惕惻隱之心. 非所以內交於孺子之父母

也, 非所以要譽於鄉黨朋友也, 非惡其聲而然也. 由是觀之, 無惻隱之心,

非人也.

_「공손추 상」

　사람은 누구나 어린아이가 우물로 기어가 빠질 것 같으면 얼른 달려가 구해 준다. 아이를 구하고자 하는 행동은 그 아이의 부모가 잘나가는지 여부나 아이를 구해 주었다는 칭송을 들으려는 의도 등과 무관하다. 아이를 구해 주지 않았다는 욕을 먹기 싫어서 그러는 것도 아니다. 누구라도 그러한 순간에 직면하면 일단 아이부터 구하고 본다는 것이다. 그래서 이 마음은 선이다. 나아가 맹자는 이러한 선한 마음은 누군가로부터 배웠기에 품은 바가 아니라고 보았다. 배워서 지니게 되는 것이 아니라면 남은 가능성은 타고나는 것뿐이다.

　그러면 하늘이 사람에게 선함을 부여했는지는 어떻게 알 수 있을까? 맹자는 사람에게는 누구나 태어날 때 이미 배우지 않고서도 할 줄 아는 게 있고 알 줄 아는 게 있다고 보고는 이를 각각 '양능(良能)'과 '양지(良知)'라고 칭했다. 그리고 양지, 양능의 예로 아이가 태어나서 배운 적이 없어도 누구나 부모를 사랑할 줄 알고 자라서는 손윗사람을 공경할 줄 안다는 것을 들었다. 이는 결코 억지스러운 주장이 아니다. 실제로 갓난아이는 배운 적이 없어도 배고프면 울 줄 알고 엄마의 젖을 빨 줄 안다. 이를 지금 시대에서는 '본능'이라 부른다. 그러나 우리가 본능이라 부르는 것을 맹자가 양능, 양지라고 칭한 것은 아니다. 양지, 양능 할 때의 '양(良)' 자에 그래서 주목할 필요가 있다. 양은 단순히 '선량하다'는 뜻으로 쓰인 것이 아니라 인간의 인식 한계를 초월해 있는, 이를테면 하나님의 선함과 같은 그러한 '절대적 선'이라는 뜻으로 쓰였다. 곧 그것은 양의 수식을 받는 지와 능이 하늘의 선함에 닿아 있음을 가리킨다. 사람이 태어날 때 타고나는 것이 제법 있는데, 그중에서 하늘의 선함과 연결된 것이기에 양지, 양능이라고 명명한 것이다. 맹자가 하늘이 사람에게 부여했다고 한 마음은 이렇게 하늘의 선함과 연결되어 있었다. 이러한 판단 아래 맹자는 사람은 모두가 착하게 태어난다고 단언할 수 있었다.

:: 사람의 선함을 믿는 근거

사실 맹자가 살았던 시대, 그러니까 싸우는 나라들의 시대인 전국시대는 사람이 누구나 선하다는 견해를 받아들이기 참으로 어려운 시절이었다. 맹자가 "땅을 차지하고자 전쟁을 하고는 사람을 죽여 온 들판에 가득 차게 하고, 성을 차지하고자 전쟁을 하고는 사람을 죽여 온 성에 가득 차게 한다. 이는 땅에게 사람 고기를 받친 셈이니, 그 죄는 죽음으로도 용서될 수 없다"[2]라고 절규하였듯이 당시는 전쟁으로 인한 대량학살이 천연덕스럽게 자행되고 있었다. 한마디로 강력한 힘에 대한 욕망이, 물리적 폭력에 대한 무감각이 전 중국에 팽배하던 때였다. 아무래도 인간의 선함에 대한 믿음이나 수요가 덜할 수밖에 없었던 환경이다.

당시 사람 본성에 대한 주류적 견해는 성악설이었다. 인간은 누구나 다 악하게 태어난다는, 달리 말해 인간 본성은 악하다는 규정이 전쟁이라는 거대 폭력을 동반한 무한 쟁투의 시절에 더욱 잘 어울렸다. 인간 본성에는 선함도 악함도 없다는 성무선악설도 주류적 견해였다. 이에 따르면 선한 사람도 있고 악한 사람도 있는 까닭은 본성 때문이 아니라 주어진 환경의 영향 때문이다. 곧 힘에 대한, 물리적 폭력에 대한 욕망이 팽배한 환경 아래서는 악한 이로 자랄 가능성이 크다는 얘기니 성무선악설 또한 전국시대의 상황과 잘 어울렸다. 반면에 성선설은 비유컨대 섬과 같은 소수 견해였다. 그러함에도 맹자가 성선설을 고수한 까닭은 무엇이었을까?

맹자 자신이 보기에 성선설 자체는 논리적으로 오류가 없었기 때문이다. 맹자의 생각은 이러했다. 그는 먼저 공감하기 쉬운 예를 들어 성선설이 왜 옳은지에 대한 논변을 전개했다.

사람들의 입은 맛에서 다 같이 좋다고 하는 바가 있다. 귀는 소리에 대해 다 같이 듣고자 하는 바가 있다. 눈은 빛깔에서 다 같이 아름답다고 하는 바가 있다. 그런데 마음에 있어서만 유독 다 같이 그렇게 하는 바가 없겠는가? 마음이 다 같이 그렇게 하는 바는 무엇인가? 이를테면 리와 의가 그것이다.

口之於味也, 有同耆焉, 耳之於聲也, 有同聽焉, 目之於色也, 有同美焉, 至於心獨無所同然乎. 心之所同然者何也, 謂理也義也.

_「고자 상」

    사람이라면 입과 귀와 눈이 좋은 맛, 소리, 빛깔에 동일하게 반응하듯이 사람의 마음도 그러한 바가 있음이 당연하다는 논리다. 입, 귀, 눈뿐만이 아니다. 맹자는 코는 향기를, 손발은 편안함에 공통적으로 반응하며 마음도 그렇게 좋은 것에 반응한다고 했다. 이는 입, 귀, 눈, 코, 손발, 마음에 각기 좋은 것을 좋아할 줄 아는 무언가가 들어 있기에 나타날 수 있는 현상이다. 맹자는 그 무언가는 좋은 것과 동질적이라고 보았다. 그래야 좋은 것에 반응할 수 있다고 본 것이다. 맹자는 사람들의 마음이 다른 신체기관이 좋은 것에 반응하는 것처럼 반응하는 대상이 '리(理)'와 '의(義)'라고 하였다. 그래서 마음이 공통적으로 반응을 보이는 리와 의는 어떠한 것일까라는 물음을 던질 필요가 있다. 입, 귀, 눈, 코, 손발이 각각 반응하는 것은 맛있는 맛, 좋은 소리, 아름다운 빛깔, 향기, 편안함으로 이들은 입, 귀, 눈, 코, 손발이 그것들을 왜 좋아하는지가 직관적으로 이해

···· '홀로'일지라도 나아가는 삶

되는 반면 리와 의는 마음이 그것을 왜 좋아하는지가 명시적으로 드러나 있지 않기 때문이다. 일반적으로 리는 '천리', 그러니까 하늘의 섭리를 가리킨다. 다른 말로는 '천도'나 '천명'이라고 불리기도 한다. 의는 그러한 천리의 핵심 속성이다. 언제 어디서든 항상 마땅하고 올바른 것이 바로 천리, 그러니까 리의 속성이다. 곧 마음이 공통적으로 반응하는 것은 이러한 항상 마땅하고 올바른 것이다. 이러한 리와 의에 마음이 반응하기 위해서는 마음에는 항상 마땅하고 올바른 것이 내재해 있어야 한다. 입, 귀, 눈, 코, 손발에 각기 좋은 것을 좋아할 수 있는 바가 내재되어 있듯이 말이다. 맹자는 이 항상 마땅하고 올바른 것이 바로 선함의 실체라고 보았다. 한편 맹자는 마음은 곧 인간의 본성이라고 보았다. 그래서 마음을 온전히 알면 본성도 온전히 알게 된다고 보았다. 그러한 마음에 항상 마땅하고 올바른 것, 곧 선함이 깃들어 있다는 것은 인간의 본성에도 선함이 깃들어 있다는 뜻이 된다. 인간 본성이 선함은 이렇게 명약관화하다는 것이다.

이러한 논리를 정립하고 이를 바탕으로 성선설을 주장했기에 맹자는 자기가 살던 시대가 설령 성선설을 받아들이기에 적합한 환경은 아니었지만 일관되게 성선설을 견지했던 것이다. 또한 지식인의 발언은 현재뿐 아니라 미래를 향한 것이기도 하기에 성선설을 뚝심 있게 밀고 나갔다. 그런데 성선설을 이렇게 이해한 맹자의 견해에 논리적으로 문제가 없다고 해도 악인은 왜 그리도 많이 존재했고 또 존재하게 되었던 것일까?

:: 거울은 닦으면 다시 맑아져

여기 거울이 있다. 거울의 기능은 무언가가 거울 면에 비쳐지면 그것을 있는 그대로 되비추는 것이다. 거울 면에 먼지가 묻어 있다거나 때가 타면 되비추는 일을 제대로 수행하지 못한다. 그럴 때 깨끗하게 닦아 주면 거울은 제 기능을 되찾는다. 아무리 오랜 세월 동안 때가 덕지덕지 끼어 있어도 다시 잘 닦아 내기만 하면 거울은 언제 그랬냐는 듯 맑게 사물을, 또 세상을 되비춘다. 금이 가거나 깨지지만 않으면 말이다. 맹자가 말한 사람의 선한 본성도 거울과 같다고 할 수 있다. 거울 면을 깨끗하게 잘 보존하면 착하게 태어난 대로 착하게 살게 되고, 거울 면에 이물질이 껴서 흐려지거나 탁해지면 타고난 선한 본성이 그만 가려져 선하지 못하게 또는 악하게 살게 된다. 누구나 다 착하게 태어났음에도 선하지 않거나 악한 이가 존재하게 된 저간의 사정이다.

그런데 거울 면이 이물질로 잔뜩 더러워져 있다고 해도 이물질이 거울 자체를 망가뜨리지는 못한다. 먼지나 때 같은 이물질이 거울 면에 스며들지 못하기 때문이다. 마찬가지로 악인이라 할지라도 선한 본성은 악에 물들여지지 않는다. 악은 선한 본성을 덮고 있을 뿐인지라 악을 제거하면 다시 선한 이로 돌아간다. 거울 면에 붙은 오염물질을 깨끗이 닦아 내면 거울이 다시 맑아지는 것처럼 말이다. 따라서 악의 문제는 본성의 표면에 낀 악을 어떻게 제거할 것인가 하는 방법 차원의 문제이지 악해진 본성을 어떻게 선한 본성으로 되돌릴까 하는 본성 개조 차원의 문제가 아니게 된다.

그러면 거울을 깨끗하게 하는 방법은 무엇일까? 다시 말해 선한 본성을 덮고 있는 악을 제거하는 방도는 무엇일까? 맹자는 사람은 누구나 '불인지심', 그러니까 '차마 하지 못하는 마음'을 지니고 있는데 이를 제대로 실천하면 된다고 보았다. 이를테면 남을 해하지 않으려는 마음을 계속 키워 나가면 된다는 것이다. 맹자는 무슨 고도의 도덕적 수양을 쌓아야 한다는 식으로 얘기하지 않았다. 불인지심이란 것도 무어 대단한 도덕심이 아니라, 가령 우물에 빠질 것 같은 아이를 보면 구해 주지 않고서는 못 배기는 마음이 불인지심이다. 구해 주지 않는 그러한 악한 행위를 차마 하지 못하는 마음이다. 이러한 마음을 키워 나가면 된다고 했음이니 악인이 선인이 되는 것은 일상을 살아가면서 어렵지 않게 이행할 수 있는 것이다.

선함을 유지해 가는 것도 마찬가지다. 타고난 마음을 계속 키워 나가기만 하면 된다. 차마 하지 못하는 마음을 키워 나가면 마음에 어짊이 가득 차게 된다. 인(仁)이라는 선함이 마음에 그득하게 된다. 누구나 다 타고나는 다른 선한 마음도 이렇듯 키워 나가면 타고난 선함이 악 따위에 덮이지 않고 잘 드러나게 된다. 여기서 중요한 것은 '키워 나감'이다.

측은해하는 마음이 없으면 사람이 아니며, 악을 부끄러워하고 미워하는 마음이 없으면 사람이 아니다. 사양하는 마음이 없으면 사람이 아니며, 옳고 그름을 가리는 마음이 없으면 사람이 아니다. 측은해하는 마음은 어짊의 단서이고 악을 부끄러워하고 미워하는 마음은 의로움의 단서이며, 사양하는 마음은 예의 단서이고 옳고 그름을 가리는 마음은 지혜의 단서이다. 사람이 이 네 단서를 지님은 네 팔다리를 지님과 같다.

無惻隱之心非人也, 無羞惡之心非人也, 無辭讓之心非人也, 無是非之心非人也. 惻隱之心仁之端也, 羞惡之心義之端也, 辭讓之心禮之端也, 是非之心知之端也. 人之有是四端也猶其有四體也.

_「공손추 상」

하늘은 측은해하는 마음과 악을 부끄러워하고 미워하는 마음, 사양하는 마음, 옳고 그름을 가리는 마음을 사람들에게 나누어 줄 때 '완성체', 그러니까 완전히 발현된 상태로 나누어 주지 않고 '단서'의 상태로 나누어 주었다. 그래서 이들을 '네 가지 단서가 되는 마음'이라는 뜻에서 '사단지심(四端之心)'이라고 부른다. 이들 네 마음을 태어날 때 이미 완전히 발현된 상태로

····· '홀로'일지라도 나아가는 삶

나누어 줬다면 악인이 없는 정도가 아니라 사람은 누구나 다 성인이요 군자가 되었을 것이다. 하늘은 그러한 선한 마음을 절묘하게도 단서, 곧 실마리의 형태로 나누어 줌으로써 실마리를 부여잡고 그 마음을 완전히 발현하는 이는 선한 이가 되게 했고, 실마리를 무시하고 내키는 대로 살면 악한 이가 되게 했다. 그래서 어짊의 실마리, 의로움의 실마리, 예의 실마리, 지혜의 실마리를 부여잡고 이를 일상에서 꾸준히 키워 나가면 온 마음이 인의예지와 같은 선함으로 가득 차게 된다. 악인이라 할지라도 선함의 실마리는 악에 오염되지 않고 태어날 때 타고난 모습 그대로 있기에 이 실마리를 부여잡고 선함을 계속 키워 나가면 다시 선함으로 마음이 가득 차게 된다.

이것이 맹자가 제시한 더럽혀진 거울을 다시 깨끗하게 닦아 내는 방도이다. 거울을 늘 맑게 유지해 가는 길이다. 어떤 고도의 정신 수양이나 실천 따위를 요구한 것이 아니라 남을 해하고자 하는 마음을 품지 않는 등 선함으로 마음을 채워 나갈 것을 권유했을 따름이다. 살아가면서 내 마음에 때가 끼는 듯싶으면 얼른 마음을 고쳐먹으면 된다는 것이다. 선함은 이미 태어날 때 내 안에 있는 것이기에, 다시 말해 내 바깥에 있는 선함을 얻기 위해 별도로 노력해야 하는 것이 아니기에 그러하다는 얘기다. 그러면 착하게 태어난 김에 착하게 산다는 지향이 그렇게 비현실적인 것도, 반대로 그리 내세울 만한 것도 아닌, 누구나 살면서 행할 수 있는 평범한 삶의 지향이 된다.

:: 악한 사람 대 선한 로봇

실제로 맹자는 평생을 착하게 살았던 듯하다. 옳다고 판단한 일에는 좌고우면하지 않았고, 세상이 자신의 뜻을 받아들이지 않아도 꿋꿋하게 자기 뜻을 펼 수 있는 기회를 찾아 매진했다. 권력, 재력 같은 세상 권세도, 부국강병 일변도의 시류도 선한 사람, 선한 사회, 선한 국가라는 그의 신념을 꺾지 못한 셈이다. 그야말로 착하게 태어났으니 착하게 살리라는 의지의 일생이었다. 이러한 맹자의 삶을 어떻게 볼 수 있을까?

미래 사회를 다룬 SF 영화를 보면 휴머노이드, 그러니까 인간과 똑같은 로봇이 종종 등장한다. AI와 로봇 기술의 눈부신 발전 덕분에 겉만으로는 사람인지 휴머노이드인지가 분별되지 않는 미래의 모습이 그려지곤 한다. 그러한 세상에서는 우연히 마주친 인간에게 "당신은 누구신지요?"가 아니라 "당신은 무엇인지요?"라 묻는다. 외모로는 구분되지 않다 보니 인간인지 아니면 휴머노이드인지를 먼저 물은 것이다. 더욱 흥미로운 건 인간보다 휴머노이드가 더 선하기도 하다는 점이다. 선한 로봇과 악한 인간의 대립 구도가 SF의 단골 소재일 정도이다. 여기서 흥미로운 점을 발견할 수 있다. 비록 허구 속의 일이지만 로봇에게 인간다움을 이식한 결과가 선한 로봇으로 상상되었다는 점이다. 이는 인간다움 하면 악함이 아니라 선함을 당연하게 생각하고 있음의 반증이다. 인간다움의 본질이 곧 선이라는 사유를 2,300여 년 전 사람인 맹자나 오늘날 사람이나 동일하게 한 셈이다.

그러니 착하게 태어난 만큼 착하게 살리라는 지향은 그저 선하지 못한 현실을, 선보다는 주로 악이 행세하고 더 잘사는 현실을 도외시한 결과로만 보기는 어렵다. 세상 물정 모르고 융통성 없는 아둔함으로 볼 수는 더더욱 없다. 선함이 인간다움의 본질이라는 믿음이 지난 수천여 년간 시대와 지역을 격하여, 봉건체제든 자본주의체제이든, 전근대문명이든 근대문명이든 공유되었다면 착하게 살리라는 지향은 가장 인간다운 지향의 표출에 다름없다. 그것은 인간으로 태어났으니 인간답게 살리라는 지향과 동일하다. 이를 두고 '꼰대스럽다'고 한다면 맹자는 이 또한 기꺼이 받아들였을 것이다. 그는 틀림없이 남들 눈에 어떻게 보이는가보다는 자신이 인간답게 사는 것에 의미를 압도적으로 부여했을 것이기에 그러하다.

짐승의 길,
사람의 길

ᑎᑎᑎᑎ

사람들은 줄곧 동물을 고약하게 활용해 왔다. 짐승 같다느니, 금수만도 못하다느니 하며 동물을 무척 깔보았다. 맹자도 이러한 경향에서 크게 벗어나 있지 않다. 그는 '겸애'라 부르는 '차별 없는 사랑' 주장이 평민의 지지를 폭넓게 받자 그 주창자인 묵자를 부모도 모르게 하고 군주도 모르게 하는, 한마디로 사람을 이끌어 짐승이 되게 하는 자라며 신랄하게 공격했다. 짐승을 도덕적으로 매우 타락한 존재의 비유로 사용했음이다.

:: 사람, 동물 그리고 '그것'

　　　　　그런가 하면 맹자는 동물을 지적 탐구의 어엿한 대상으로 본격적으로 끌어들이기도 했다. 특히 인

　　　　　…… '홀로'일지라도 나아가는 삶

간다움의 본질을 규명하는 데 동물을 적극적으로 활용했다. 이를테면 이러한 식이었다.

> 인간이 짐승과 다른 점은 매우 미미하다. 백성은 그것을 버려두고 군자는 그것을 보존한다.
>
> 人之所以異於禽於獸者幾希, 庶民去之, 君子存之.
>
> _「이루 하」

「고자 상」편에서 맹자는 사람이 천지자연의 호연지기를 몸에 갖추지 못하면 금수와 차이가 거의 없게 된다고 하였다. 이로 보건대 인용문에서의 '그것'은 호연지기 같은 도덕적 바탕이나 역량을 가리킨다. 인간과 동물은 외형 등에 근본적 차이가 있는 게 아니라 도덕의 구비 여부에 따라 구분된다는 통찰이다. 도덕적 바탕을 갖추지 못하고 도덕적 역량을 지니지 못한다면 인간은 짐승과 다를 바 없게 된다는 사유다. 그러한 사람은 외형은 인간이지만 실질은 '금수 같은 ×'가 된다. 도덕을 무시해도 마찬가지다. 인간이라고 주장할 근거를 잃어 '짐승 같은 ×'가 된다. 나아가 마땅히 인간이어야 할 존재가 인간이기를 포기했으니 '금수만도 못한 ×'로 처박히게 된다. 맹자다운 매우 센 발언이다. 서민, 그러니까 백성도 인간이지만 도덕을 방기하면 곧 짐승과 다를 바 없게 된다는 얘기니 도덕의 구비를 놓고서는 한 치의 양보도 없었던 셈이다.

맹자가 인간의 본성을 선하다고 여겼기에 그리 말했다고 한다면 이는 틀림없는 오해다. 인간 본성을 악하다고 규정한 순자도 인간과 동물의 차이를 의로움의 구비 여부에서 찾았다. 그는 비교 대상의 범위를 식물로 더 넓힌 다음, "풀과 나무는 기와 생명은 있어도 지각이 없고, 날짐승과 들짐승은 기와 생명과 지각은 있어도 의로움이 없다. 사람은 기와 생명, 지각을 지니고 있으면서 의로움도 지니고 있기에 만물 가운데 가장 귀한 존재인 것"[3]이라고 설파했다. 여기서 의로움은 도덕을 대표함이니, 결국 인간 본성은 상반되게 보았지만 인간다움의 조건에 관해서는 성선설을 제창한 맹자나 성악설을 집대성한 순자 모두 인식을 같이한 셈이다. 곧 도덕을 갖추고 있으면 인간, 그렇지 않으면 동물이라는 관념이 맹자와 순자의 시대 공히 주류적이었음이다.

다만 이는 어디까지나 도덕이 인간다움의 핵심이라는 통찰이었지 도덕을 갖추지 못한 존재는 열등하다, 그러니까 막 대해도 된다는 뜻은 결코 아니었다. 공자는 기르던 개가 죽자 제자인 자공을 시켜 머리와 몸에 흙이 묻지 않도록 거적으로 잘 싸서 묻어 주었다. 예법대로 하자면 말이 죽으면 집에서 쓰던 장막으로 싸서 묻어 주고 개가 죽으면 수레를 덮던 천으로 싸서 묻어 줘야 함에도 가난 탓에 그리 못 해 주어 속상하다는 말도 덧붙였다. 도덕을 갖추지 않았더라도 생명과 지각을 지닌 존재에 대해서는 최소한의 예를 갖춰야 한다는 원칙을 몸소 보여 주었던 것이다. 인간의 생명이 다른 생명체에 비해 특권화되었던 것이 아니라 인간의 도덕이 특권화되었던 것이다.

:: 항산, 인간과 짐승을 가르는 경계

그래서 '항심', 그러니까 어떠한 상황에서도 바뀌지 않는 일관된 마음을 지닌다는 것은 맹자에게 있어 인간이냐, 짐승이냐를 판별하는 관건이 되었다. 항심이 인간다운 인간인지 아니면 인간답지 못한 인간, 곧 짐승 같은지를 가르는 근거였다는 것이다. 바뀌지 않는 일관된 마음은 태어날 때 마음에 지니게 되는 선한 본성을 잃지 않고 계속 보존할 때 비로소 갖추어지기에 그러하다. 선한 본성은 인간다움의 핵이다. 곧 항심의 소유는 인간다움을 잃지 않았음의 증거이기에 그것은 인간과 비인간을 가르는 근거가 될 수 있었다. 그런데 맹자는 이를 도덕적 실천이라는 차원에서만 다루지 않고 먹고사는 차원에서도 다루었다. 달리 표현하면 윤리학적 차원에서만이 아니라 경제학적 차원에서도 다루었다는 얘기다.

일정한 수입이 없어도 일정한 마음을 지님은 오직 사(士)만이 가능합니다. 백성은 일정한 수입이 없으면 일정한 마음도 없어집니다. 일정한 마음이 없으면 방탕하고 괴팍하며 삿되고 과도하기를 그만두지 않을 것입니다. 그렇게 죄에 빠진 후에 쫓아가 형벌을 가한다면 이는 백성을 그물로 사냥하는 것입니다. 어찌 어진 이가 왕위에 있으면서 백성을 그물질하는 일을 할 수 있겠습니까? 그래서 밝은 임금은 백성의 수입을 조절하여 반드시 위로는 부모를 섬길 수 있게 하고 아래로는 처자식을 기를 수 있게 합니다. 풍년에는 종신토록 배부르게 하고 흉년에는 죽음을 면할 수 있게 해 줍니다.

無恆產而有恆心者, 惟士爲能. 若民則無恆產, 因無恆心. 苟無恆心, 放辟邪侈, 無不爲已. 及陷於罪, 然後從而刑之, 是罔民也. 焉有仁人在位, 罔民而可爲也. 是故明君制民之産, 必使仰足以事父母, 俯足以畜妻子, 樂歲終身飽, 凶年免於死亡.

_ 「양혜왕」 상

반복하지만 맹자는 사람이라면 누구나 선한 본성을 갖고 태어난다고 보았다. 다만 그것을 타고났다고 하여 저절로 짐승과 달라지는 건 아니었다. 선한 본성이 온전히 발현된 상태로 태어나는 것이 아니라 단서의 상태로 태어나기 때문이다. 따라서 살아가면서 선한 본성의 실마리를 부여잡고 이를 온전히 발현해 내기 위해 의식적으로 노력해야 비로소 선한 본성이 발현된다. 그렇게 선한 본성이 발현된 상태가 바로 항심을 지닌 상태이며, 그랬을 때 인간은 짐승과 구분된다. 항심의 추구 여부

···· '홀로'일지라도 나아가는 삶

로 인간과 짐승을 나눌 수 있다고 본 이유다.

그런데 맹자는 항심을 지니려면 먼저 항산, 그러니까 일정한 수입이 보장되어야 한다고 한다. 식자 능력을 갖춘, 곧 지적 훈련을 쌓은 이들인 사 계층은 항산 없이도 항심을 갖추고 이를 유지해 갈 수 있지만 그러할 기회가 주어지지 않았던 평민은 항산이 갖춰지지 못하면, 다시 말해 먹고사는 문제가 해결되지 않으면 항심을 갖추지 못하게 된다. 하여 인간으로 태어났음에도 짐승과 같은 상태로 살게 된다. 이는 사 계층을 비롯한 위정자들에게는 치명적인 이율배반이다. 평민을 인간답게 살게 교화하는 것이 그들의 존재 이유이기에 그러하다.

따라서 위정자는 평민에게 항산을 반드시 갖춰 주어야 한다. 풍년이 들었을 때만 그러한 게 아니라 흉년이 들었을 때, 다시 말해 어떠한 악조건 아래서도 부모 섬김과 가족 부양이 가능하도록 항산을 유지해 주어야 한다. 그랬을 때 평민은 비로소 항심을 갖출 수 있게 되어 짐승으로 전락하지 않게 된다. 평민에게는 항산의 보장이 인간과 짐승이 나누어지는 문턱인 셈이다. 이렇듯 항산은 항심을 갖출 수 없는 조건에서 살아온 백성에게 그것을 갖출 수 있는 터전을 제공해 준다. 그럼으로써 그들은 인간으로서의 삶을 영위할 수 있는 최소한의 근거를 갖추게 된다. 항산은 이렇게 '인간으로서의 삶'을 위한 토대였다. 단적으로 항산은 갖추어지면, 곧 먹고사는 문제가 해결되면 그만인 것이 아니라 그것은 항심 구현의 토대가 됨으로써 인간이 금수로 주저앉음을 방비해 준다. 지금 식으로 말하자면 항산은 서민에게 인간 사회의 어엿한 구성원으로서 살아갈 수 있는 사회적 자본을 제공해 주는 것이다.

그런데 맹자는 왜 평민 모두에게 항산을 갖추어 주어야 한다고 주장했을까? 지금의 관점으로 보면 너무도 당연한 주장이지만 맹자 당시에는 그렇지 않았다. 만백성 모두가 항산을 갖추어야 한다는 주장은 결코 보편적 관념이 아니었다는 뜻이다. 그리도 많았던 제자백가 중에 항산 주장을 한 이가 맹자 하나였음을 봐도 항산 주장이 특이했음을 알 수 있다. 맹자는 왜 항산 주장을 강하게 했던 것일까? 맹자는 미연에 방지함을 정치의 핵심으로 보았다. 그는 항심을 지니지 못한 이들은 인간답지 못하게 살 가능성이 크므로 이들을 그냥 놔두면 틀림없이 일탈하고 죄를 저지를 것이라고 보았다. 사정이 이러함에도 항심을 갖추지 못하도록, 곧 도덕을 갖추고 인간답게 살 수 있는 항산 같은 조치를 취하지 않다가 사달이 난 후에 형벌로 다스리는 것은 정치가 아니라 사냥이라고 했다. 길목에 그물을 쳐놓고 물고기나 산짐승을 잡는 것과 별다를 바 없다는 지적이다. 따라서 항심의 구비를 가능케 해 주는 항산의 시행은 위정자가 백성을 사냥 대상인 짐승으로 보지 않음을, 곧 동류의 인간으로 대하고 있음을 나타내는 조치다. 항산을 단지 먹고사는 문제의 해결이라는 차원에서만 보면 안 되는 까닭이다. 가령 물질적·경제적 차원에서의 최저 생계 해결책만으로 봐서는 곤

····· '홀로'일지라도 나아가는 삶

란하다는 뜻이다. 항산의 보장은 생물학적 차원의 생존을 넘어 인간으로서의 생활로 이어지는 발판이기에 그러하다.

인간으로서 생활한다는 것은 인문적 삶을 영위한다는 뜻이다. 인간과 짐승을 나누는 근거인 도덕의 구비, 곧 항심의 구비는 이렇듯 먹고사는 문제의 해결이라는 대전제 아래 실현되었을 때 지적 훈련을 받지 못한 평민이 단지 금수와 구분되는 삶 정도가 아니라 인간다운 삶, 곧 인문적 삶을 영위하는 데 발판이 된다. 먹고사는 일이 곧 윤리이자 인문의 토대였던 것이다.

:: 사(士), 마음의 기술자

그런데 지적 훈련을 받은 이, 그러니까 식자층은 먹고사는 문제로부터 자유로웠던 것일까? 맹자가 식자층인 사 계층은 항산 없이도 항심이 가능하다고 단언했기에 던져 본 물음이다. 식자층이라고 하여 아침이슬만 받아먹고 살 수 있는 건 예나 지금이나 결코 아닐 터이니 말이다.

그러함에도 맹자가 사 계층은 항산 없이도 항심이 가능하다고 한 까닭은 식자 능력을 갖추면 마음의 역량을 발휘할 수 있기 때문이었다. 식자 능력을 갖춤은 지적 훈련을 받는다는 것이고, 이는 다름 아닌 마음을 단련하는 과정이라는 뜻이다.

사람의 마음을 중시한 맹자의 사유가 일관되게 표출되었음이
다. 사실 전국시대 제자백가 가운데 맹자만큼 마음에 주목했던
지식인은 없었다. 그가 성선설을 주장한 것도 마음은 하늘이
사람에게만 부여한 것이고 그 안에 하늘의 선함이 담겨 있다고
보았기 때문이다. 선함, 곧 인의예지 같은 윤리 덕목이 태어날
때 다른 곳이 아닌 바로 마음에 담겨 있다고 보았음이다. 그는
또한 천하에서 왕노릇 하려면 온 천하 백성을 휘하에 두면 되
는 게 아니라 그들의 마음을 얻어야 한다고 하였다. 마음은 이
렇듯 맹자 학설에서 차지하는 비중이 사뭇 컸다.

그러니 『맹자』에 마음에 대한 사유가 다각적으로 다채롭게
개진되어 있음은 당연한 귀결이었다. 맹자는 "어짊이 사람의
마음이다"라고 규정하고 "마음은 생각하는 기관"[4]이라고 함으
로써 마음의 정체를 규명했다. 마음을 '양심(良心)'이라고 단언
함으로써 마음이 하늘의 '절대적 선함[良]'과 맞닿아 있음을 분
명히 하였고, 사람들의 마음은 동질적이어서 이목구비가 아름
답고 좋은 소리와 아름다운 빛깔, 좋은 맛, 향기로운 냄새를 좋
아하듯이 천리와 의로움을 좋아한다고 하였다. 마음의 속성을
밝힌 것이다. 마음의 종류도 밝혔다. 마음에는 측은지심(측은해
하는 마음), 수오지심(악을 부끄러워하고 싫어하는 마음), 시비지심(옳고
그름을 가르는 마음), 사양지심(사양하는 마음)이 있고, 차마 하지 못
하는 선한 마음인 불인지심도 있다고 하였다. 위대한 이는 '적
자지심(赤子之心)', 곧 갓난아이의 타고난 그대로의 마음을 보존

···· '홀로'일지라도 나아가는 삶

한 이라고 하여 적자지심의 유지를 최고의 경지로 제시하기도 했다. 또한 사람은 마음을 보존할 수도 있고 잃어버릴 수도 있다고 보았다.

> 어짊은 사람의 마음이고 의로움은 사람의 길이다. 그 길을 버리고 따르지 않음은 자신의 마음을 잃어버렸는데도 찾을 줄 모르는 것이니 슬프도다! 사람들이 닭이나 개를 잃어버리면 찾을 줄 알면서도 마음을 잃고는 찾을 줄 모른다.

> 仁人心也, 義人路也. 舍其路而不由, 放其心而不知求, 哀哉. 人有鷄犬放則知求之, 有放心而不知求.
>
> _「고자 상」

실심(失心), 그러니까 마음을 잃어버림에 대하여 언급한 대목이다. 사람 누구나 다 태어날 때 선한 본성을 지녔음에도 짐승과 별 구분 없게 되는 이유에 대한 설명이기도 하다. 따라서 사람답게 살려면 마음을 잃어버리지 않도록 잘 보존해야[存心] 하고, 그것을 잘 길러야[養心] 한다. 그러면 적자지심을 유지하고 항심을 지니게 되어 맹자가 나이 마흔이 되어 마음이 흔들리지 않았다고 고백한 '부동심(不動心)', 곧 흔들리지 아니하는 마음을 지니게 된다. 사 계층은 이러한 마음 다스리기, 달리 말해 마음을 다룰 줄 아는 기술자였다. 그렇기에 항산이 뒷받침되지 않아도 항심을 구비하여 금수와는 다른 인간다운 삶을 구현해 갈 수 있었다. 사 계층이 모두 현인이기에 그러할 수 있음은 결코 아니다. 맹자는 "오직 현명한 사람만이 그러한 마음을 지닐 수 있는 게 아니라 사람이라면 모두 그러한 마음을 지니고 있다"[5]라고 함으로써 지적 훈련을 받은 이라면 누구나 그러할 수 있다고 단언하였다. 지식이 마음의 양식이기 때문이었다.

마음이 힘을 발휘하기 위해서는 에너지가 필요한데 지식이 바로 동력이 되어 준다는 얘기다. 그렇게 지식을 공급받은 마음은 어려운 생계로 인한 압박 아래서도 항심을 지닐 수 있는 힘을 갖추게 된다. 구조적으로 지식을 꾸준히 섭취할 수 없는 생활 조건에서 태어난 평민과 달리 사 계층이 항심을 지닐 수 있다고 본 이유이다.

:: 사람은 어질게, 동물은 사랑스럽게

맹자는 "금수에 가깝다", "금수와 차이가 얼마 되지 않는다", "금수와 차이가 매우 적다" 식으로 사람이면서 사람답지 못한 상태를 매우 경계하였다. 소나무가 소나무답게 된 원리가 있고, 호랑이가 호랑이답게 된 원리가 있는 것처럼 사람도 사람답게 되는 원리가 있으니 그것이 바로

···· '홀로'일지라도 나아가는 삶

사람을 금수와 확실하게 다르게 해 준다는 주장이다.

맹자는 사람은 이를 교육을 통해서 갖추게 된다고 보았다. 그래서 "사람이 사람답게 되는 도리가 있으니 배불리 먹고 따뜻하게 입고 편안히 지내면서 가르침을 받지 않으면 금수에 가깝게 된다"[6]고 경계했다. 교육은 마음에 지식이라는 자양분을 공급하는 활동이다. 사람은 마음에 배움을 축적함으로써 비로소 짐승과 확연하게 다른 삶을 펼쳐 낼 수 있다는 뜻이다. 하여 맹자는 항산을 갖추어 준 다음에는 반드시 상(庠)과 서(序) 같은 교육기관을 설치하여 교육해야 한다고 하였다. 이렇게 항산을 갖추고 항심을 유지할 수 있도록 교육을 시행하고도 왕도정치를 펼쳐 내지 못한 경우를 보지 못했다면서 이렇게 함이 위정자에게 큰 이로움이 된다고 확언하였다.

이것이 맹자가 동물을 활용했던 방식이다. 그는 인간답지 못한 인간을 경계하기 위해 동물을 끌고 왔다. 이를 두고 동물 자체를 폄하했다고 볼 수도 있다. 그러나 이는 동물이 도덕을 지니지 못한 존재라는 점에서 행한 서술 전략이지 생명과 지각을 지닌 동물 자체에 대한 근본적 폄훼라고 볼 수는 없다. 맹자는 "군자는 동물에 대하여 사랑은 하지만 어질게 대하지는 않고 백성에 대하여는 어질게 대하지만 피붙이를 사랑하듯 하지는 않는다"[7]고 하였다. 어질게 대함은 도덕을 본성으로 지닌 존재를 대상으로 하는 활동이기에 동물을 어질게 대하지는 않는다. 그러나 분명하게 동물을 사랑해야 한다고 명토 박았다. 도덕의 구비 여부로 인간과 동물을 구별했지만 그렇다고 동물을 함부로 대하거나 근거 없이 인간을 짐승 취급하며 하대한 적은 없었음이다.

2,300여 년 전에도 이렇듯 인간은 어질게 대해야 하고 동물은 사랑할 줄 알아야 한다고 했는데 디지털 대전환, 에너지 대전환 등이 한창 진행되는 이른바 문명의 첨단을 걷는 오늘날에 멀쩡한 인간을 개돼지라 운운하는 현상이 끊이지 않음을 어떻게 이해해야 할까? 과연 누가 더 짐승스러운지를 의심할 수밖에 없는 오늘의 현실을 맹자가 본다면 무엇이라 말할지, 사뭇 궁금해진다.

편한 삶,
좋은 삶

∏∏∏∏

곰 발바닥은 맹자의 시대에도 고급 요리요, 누구나 먹어 보았으면 하는 요리였다. 하루는 맹자가 이러한 사고실험을 했다. "물고기도 먹고 싶고 곰 발바닥도 먹고 싶지만 둘 다 먹을 수 없다면 물고기를 포기하고 곰 발바닥 요리를 취할 것이다. 삶도 바라는 것이고 의로움도 바라는 것이지만 둘 다 겸할 수 없다면 삶을 버리고 의로움을 취할 것이다"[8]라고 말이다.

:: '좋게' 산다는 것

사고실험의 결과 맹자는 살아감보다 의로움을 선택했다. 살아감이 물고기 요리라면 의로움은 곰 발바닥 요리라는 것이다. 의로움이 그만큼 더 가치 있고 소중하다는 사유다. 한마디로 물고기 요리를 먹으면서 물질적으로 편하게 살아갈 수도 있지만, 그보다는 곰 발바닥 요리를 먹으면서 도덕적으로 좋게 살겠다는 얘기다. 생계에 치중하면서 편하게 잘살 수도 있지만 그보다는 도덕적 지향을 좇아가며 좋게 살겠다는 의지의 표명이다. 설사 그 길로 가다가 시궁창에 빠진다고 해도 피하지 않으리라는 결연한 자세였다. 용사가 목숨 잃는 것을 피하지 않는 것처럼 말이다. 여기서 오해하면 안 된다. 맹자가 결코 생계를 윤택하게 꾸려 가며 편하게 살 능력이 없기에 도덕을 우선하는 좋은 삶의 길을 선택한 것은 아니었다. 맹자는 이러한 일화를 들었다.

옛날 조간자가 수레 몰이의 달인 왕량더러 자신이 총애하는 신하 해의 수레를 몰아 사냥하게 했는데 하루 종일 새 한 마리도 못 잡았다. 해가 돌아와 보고하였다. "천하에 형편없는 수레 몰이꾼이었습니다." 어떤 사람이 이를 왕량에게 말했다. 왕량은 조간자에게 "다시 한 번 해보기를 원합니다"고 했으나 허락받지 못하자 고집스레 거듭 간한 후에야 허락을 받았다. 그러고는 수레를 마구 몰아 이번에는 하루아침에 새 열 마리를 잡았다. 해가 돌아와 보고하였다. "천하에 매우 뛰어난 수레 몰이꾼입니다." 이에 조간자는 왕량에게 "너를 해의 수레 몰이꾼으로 임용한다"고 했다. 그러나 왕량은 사양하면서 말했다. "제가 그를 위해 법도에 맞게 수레를 몰았을 때는 한 마리도 잡지 못했고, 그를 위해 법도를 어기며 몰았을 때는 하루아침에 열 마리를 잡았습니다. 『시경』에도 '법도를 잃지 않고 수레를 모니 화살은 표적을 맞추지 못한다'라고 했습니다. 저는 소인과 함께 수레를 모는 일에 익숙하지 못하니 사양하겠습니다." 수레를 모는 자도 법도를 어기고 사냥하는 이와 함께함을 부끄러워하며, 함께해서 동물을 산더미처럼 잡는다고 해도 하지 않았다.

昔者趙簡子使王良與嬖奚乘, 終日而不獲一禽. 嬖奚反命曰, "天下之賤工也." 或以告王良, 良曰, "請復之", 彊而後可, 一朝而獲十禽. 嬖奚反命曰, "天下之良工也." 簡子曰, "我使掌與女乘", 謂王良. 良不可, 曰, "吾爲之範我馳驅, 終日不獲一, 爲之詭遇, 一朝而獲十. 詩云, '不失其馳, 舍矢如破.' 我不貫與小人乘, 請辭." 御者且羞與射者比, 比而得禽獸, 雖若丘陵, 弗爲也.

_「등문공 하」

왕량의 말을 근거로 하면 좋은 삶의 길을 걷는다는 것은 법도를 지키며 사는 것을 가리킨다. 곧 도덕을 우선하는 삶을 산다는 것을 말한다. 그렇다고 좋은 삶의 길을 걸음이 반드시 생계를 우선하는 편한 삶의 길을 걸음과 배치되는 건 아니다. 법도를 지키며 사는 좋은 삶을 영위한다는 것이 꼭 용사처럼 "목숨을 버려 가면서까지" 해야 하는 일은 아니라는 것이다. 문제는 법도를 지키면서 살다가는 생계형으로 사는 것조차 불가능하거나 어렵다는 것이 동서고금을 막론하고 대부분의 현실이라는 점이다. 법도를 지키면서 수레를 몰아도 먹고살 수 있는 수준으로 사냥이 가능하다면 굳이 도덕을 앞세우는 삶을 결연하게 표방할 이유가 없다. 결국 도덕을 결연히 앞세웠다는 것은 법도와 괴리된 생활을 해야 비로소 먹고살 수 있는 현실 탓이었다. 게다가 안타깝게도 혹은 속상하게도 인류의 역사에서 현실은 으레 그러했다. 법도를 지키면서 산다는 것이 실은 목숨을 걸 정도로 사뭇 결연하거나 고상한 일이 결코 아님에도 현실이 으레 그렇다 보니 결국 대단한 인물이나 기꺼이 할 수 있는 일로, 결연하게 결심에 결심을 거듭해야 비로소 할 수 있는 일로 치부되었다.

사실 맹자는 현실이 어떠하든 간에 법도는 그야말로 목숨을 걸고 지켜야 한다는 태도를 견지하기도 했다. 다음은 「이루하」에 나오는 일화다.

옛날 정나라에 자탁유자란 이가 있었다. 그는 군주로부터 위나라를 치라는 명을 받고 전장에 나섰다. 그런데 하필 병이 나서 활조차 잡기 힘들었다. 꼼짝없이 죽을 운명이었다. 그런데 그의 마부가 상대편 장수가 유공지사라고 일러 주자 자탁유자는 아연 활기를 띠며 자신이 살 수 있게 되었다며 좋아했다. 근거는 유공지사는 활쏘기를 윤공지타라는 이에게 배웠는데, 바로 자신이 윤공지타의 활쏘기 스승이었다는 점이었다. 그러니까 유공지사는 자신의 활쏘기 스승의 스승인 자신에게 차마 활을 쏘지 못할 것이라고 자신했던 것이다. 실제로 유공지사는

···· '홀로'일지라도 나아가는 삶

이 사실을 알고는 차마 자탁유자를 쏘지 못해 화살촉을 제거한 빈 화살만 네 차례 쏘고 되돌아갔다.

맹자는 이 일화를 들며 법도를 지킨다는 것은 목숨이 왔다 갔다 하는 전장에서도 일관되게 유지해야 하는 태도라고 하였다. 법도는 목숨을 걸고서라도 지켜야 하는 것이라는 사유다. 『맹자』를 보면 이러한 지향이 지나쳐서 너무나 현실과 동떨어진 얘기를 한다 싶은 때가 사실 적지 않다. 맹자는 노나라에서 제자 악정자에게 정사를 맡기려 한다는 소식을 듣고는 잠을 이루지 못할 정도로 좋아하며, 악정자같이 선한 이에게 정사를 맡겼으니 노나라는 틀림없이 잘될 것이라 자신한다. 근거는 선함을 좋아하면 천하를 넉넉히 다스릴 수 있다는 믿음이다. 또한 맹자는 왕 하나만 선하게 바꾸면 온 천하가 성현의 왕도로 다스려지는 태평성대가 펼쳐질 것이라고 굳게 믿었다. 그러나 정치를 도맡은 군주나 위정자 하나가 선하다고 하여 정사가 잘 펼쳐질 것이라는 믿음은 현실성이라고는 거의 없는 순진하기만 한 사유에 불과하다. 이러한 맹자의 모습을 보면 사실 그 동떨어진 현실감에 가슴이 답답해지곤 한다.

그러나 이는 법도를 지키면서 사는, 어찌 보면 너무나도 당연한 삶의 방식이 오히려 세상 물정을 도무지 모르는 융통성 없는 삶이 되고 마는 현실에 대한 강한 저항으로 볼 필요가 있다. 너무나도 평범하고 기본이 되는 삶의 길이 막혔을 때 나타날 수 있는 또 하나의 극단적 반응으로 말이다. 그런가 하면 법도를 지키며 사는, 곧 좋은 삶의 제시가 실질적이고 실용적이었을 가능성도 있다. 이는 중세 유럽의 역사를 보면 된다. 하나님의 말씀에 의해 작지 않은 지역에서 천여 년에 걸쳐 통치가 유지됐다는 것이 지금 여기의 감각, 사유로는 잘 이해되지 않는다. 그러나 당시에는 하나님의 말씀은 작지 않은 지역을 천여 년간 지배할 수 있었던 현실적 힘이었다. 그저 관념적·신앙적 힘에 불과한 것이 아니라 생활 속에서 실제로 행사되었던 살아 움직이는 힘이었다. 맹자 시대의 법도, 그러니까 도덕도 이러했을 수 있다. 맹자의 시대 제후들 간에 천명, 곧 하늘의 뜻이 자신에게 있다는 경쟁이 있었음이 이를 반증해 준다. 하늘의 뜻이 자신에게 있다는 주장은 곧 자신이 그 무엇으로부터도 도전받지 않는 도덕적 정당성을 갖추었다는, 그래서 자신이 무엇을 하든, 어떤 명령을 내리든 그것은 항상 옳다는 주장이었다. 이는 당시 천명으로 대변되는 도덕의 힘이 단지 이상적이거나 관념적 힘에 불과하지 않았음을 분명하게 말해 준다.

:: 도덕적 원리주의자의 유연함

법도를 따르는 삶을 달리 표현하면 그것은 도덕을 따르는 삶이다. 그런데 맹자는 도덕을 따르지 않고도 충분히 잘 먹고 잘살 수 있다고 보았다. 그는 이러한 삶을 다음과 같은 우화를 들어 보여 주었다.

제나라에 처와 첩이 한 집에 같이 사는 이가 있었는데, 그 집 남편은 나갔다 하면 꼭 술과 고기를 실컷 먹고 돌아왔다. 그 처가 누구와 함께 먹고 마셨는지를 물었더니 함께한 이들 모두가 부귀한 자들이었다. 그 처가 첩에게 말했다. "남편이 나가기만 하면 술과 고기를 실컷 먹은 후에 돌아와서 누구랑 함께 먹고 마셨냐고 물으면 다들 부귀한 자들이었다. 그런데 부귀한 자가 집에 놀러 온 적이 없으니 내 장차 남편이 가는 곳을 엿보고자 하네." 그러고는 일찍 일어나서 남편이 가는 곳을 뒤처져 따라갔다. 남편은 성중을 두루 돌아다녔지만 서서 더불어 말을 나누는 이가 없었다. 그러다 동쪽 성곽 쪽의 무덤들 사이로 가더니 제사 지낸 이들에게 가서 남은 음식을 구걸하였고, 이것으로 부족하면 주위를 돌아보고는 또 다른 데로 가서 구걸하였다. 이것이 남편이 실컷 먹고 마시는 방도였다.

齊人有一妻一妾而處室者, 其良人出, 則必饜酒肉而後反. 其妻問所與飲食者, 則盡富貴也. 其妻告其妾曰, "良人出, 則必饜酒肉而後反, 問其與飲食者, 盡富貴也, 而未嘗有顯者來, 吾將瞯良人之所之也." 蚤起, 施從良人之所之, 遍國中無與立談者. 卒之東郭墦間, 之祭者, 乞其餘 不足, 又顧而之他, 此其爲饜足之道也.

_「이루 하」

무덤 사이를 돌아다니며 제사 지내고 남은 음식을 구걸하여 배부르게 먹고 마시는 이는 맹자가 보기에 도덕 없이도 잘 먹고 사는 이들의 모습이었다. 물론 이는 극단적 비유에 불과할 수 있다. 사실 맹자도 법도, 그러니까 도덕만으로 만사가 다 해결된다고 생각하지는 않았다. "한갓 착하기만 한 것으로는 정사가 이루어지기에 부족하고, 한갓 법도를 지키는 것만으로는 저절로 행해질 수 없다"[9]고 잘라 말한 이유다. 착하기만 해서는 사람을 진정으로 복종케 할 수 없으니 마음을 얻어야 진정으로 복종케 할 수 있다고도 하였다. 실제적이고 실용적일 필요가 있다는 뜻이었다. 편하게 잘 먹고 잘사는 것을 무조건 배척할 이유는 없다는 것이었다. 맹자는 "뒤에 따르는 수레가 몇십 대이고 추종하는 사람이 몇백 명이나 되는데 이렇게 제후들에게 돌아다니면서 얻어먹고 사는 것은 과도한 일 아닙니까?"[10]라는 제자 팽경의 문제 제기에 대하여 "도리가 아니면 한 그릇의 밥도 다른 사람에게서 받으면 안 되지만, 도리에 합당하다면 순임금이 요임금의 천하를 받았어도 과분하다고 여기지 아니했다"[11]라고 답했다. 법도에 맞게 사는 것과 잘 먹고 잘사는 것의 병행이 가능하다는 뜻이었다.

개인 차원에서만 가능한 일이라고 보지도 않았다. 맹자는 "150평가량의 택지를 둘러싼 담장 밑에 뽕나무를 심어 아낙이 누에를 친다면 노인은 비단옷을 입을 수 있게 된다. 암탉 다섯 마리와 암퇘지 두 마리를 새끼 칠 때를 놓치지 않고 기른

···· '홀로'일지라도 나아가는 삶

다면 노인들은 고기를 거르지 않고 너끈히 먹을 수 있게 된다. 1,500여 평의 농지를 농부 한 명이 경작하면 여덟 식구가 족히 굶주리지 않을 것"[12]이라고 단언하였다. 나라가 이렇게 해 주면 만백성이 법도를 어기지 않으면서도 노인이 비단옷을 입고 고기를 먹을 정도의 수준에서 생계를 유지할 수 있다고 본 것이다. 맹자가 물질적 차원의 편한 삶보다는 도덕적 차원의 좋은 삶의 경로를 택했다고 하여 그 어떤 경우든 도덕을 우선하는, 마치 아침이슬만 먹고도 살 수 있다는 듯한 고결한 삶의 방식을 택했던 것은 아니었음이다.

한마디로 맹자는 도덕적 삶의 화신인 것은 맞지만 그렇다고 융통성이 제로인 꽉 막힌 사람은 아니었다. 그가 제나라에서는 청렴 하면 최고로 치는 진중자더러 그렇게 남의 신세를 지지 않으려 사흘이나 굶다가 과일을 따 먹는 식의 절개라면 지렁이가 된 이후에야 비로소 지킬 수 있을 것이라면서 진중자를 실현 가능성 낮고 융통성 없는 사람이라 신랄하게 비판한 것도 그가 세상 물정을 나 몰라라 하는 도덕적 근본주의자가 아니었기 때문이다. 현실을 향한 그의 눈길은 실제적이고 현실적이었다. 그는 도덕적 원리주의자이되 현실을 섬세하게 직시할 줄도 알았다. 맹자는 "벼슬은 가난 때문에 하는 것이 아니지만 때로는 가난 때문에 할 수도 있다. 아내를 맞이함은 집안 부양을 위해서가 아니지만 때로는 이를 위해 아내를 맞이하기도 한다"[13]라며 가난 때문에 하기 싫어도 벼슬을 할 수 있다고 보았다. 가난 때문에 벼슬을 하면 높은 자리를 사양하고 낮은 자리에 거하며, 높은 봉록을 사양하고 박봉으로 지낸다는 단서 조항을 달기는 했지만, 이를 통해 삶의 실제 수요를 고려하는 맹자의 융통성 있는 모습을 목도할 수 있다.

이는 의식이 넉넉해진 다음에야 예의범절을 알게 된다는 공자 사유의 연장선에 놓여 있는 것이기도 하다. 맹자는 일상생활에서 물과 불을 쉬이 얻을 수 있는 것처럼 위정자가 백성들이 곡식을 쉬이 얻을 수 있게 해 주면 어찌 백성이 어질지 않게 되겠냐며 되묻는다. 백성에게 이렇듯 넉넉한 생계를 보장해 주어야 한다면, 다시 말해 생계가 해결된 다음에야 비로소 도덕의 문제도 추구할 수 있다면, 이는 앞의 가난 때문에 피치 못하여 벼슬을 하는 경우처럼 식자층에게도 어느 정도는 동일하게 적용된다고 본 것이다. 물론 그는 항산론을 펼치는 대목에서 식자층은 항산 없이도 항심의 유지가 가능하다고 선언하였다. 그러나 이는 어디까지나 원칙론적인 언급이었다. 실제 삶을 향한 그의 섬세한 눈길은 맹자를 꽉 막힌 원리주의자에 머물지 않게 해 주었다. 항산론의 구체 내용만 봐도 맹자의 이러한 면모를 금방 알 수 있다.

밝은 임금은 백성의 수입을 조절하여 반드시 위로는 부모를 모시기에 족하게 하고 아래로는 처자식을 부양하기에 족하게 합니다. 풍년에는 평생 배부르게 먹을 수 있게 하고 흉년에는 죽음을 면할 수 있게 합

'홀로'일지라도 나아가는 삶

니다. 그러한 연후에 백성을 떠밀어서 선함으로 나아가게 하니 백성이 가볍게 이를 좇을 수 있게 됩니다. 지금은 백성의 수입을 조절하되 위로는 부모를 모시기에 부족하고 아래로는 처자식을 부양하기에 부족하며, 풍년임에도 평생 고통스럽게 하고 흉년에는 죽음을 면하지 못하게 합니다. 이렇듯 죽음을 모면하고자 해도 그럴 수 있을까 걱정되는데 어찌 예의를 닦을 겨를이 있겠습니까? 왕께서 이를 행하시고자 한다면 왜 근본으로 돌아가지 않으십니까? 150평가량의 택지에 뽕나무를 심으면 50세 노인이 비단옷을 입을 수 있으며, 닭과 돼지, 개 등의 가축을 새끼 칠 때를 놓치지 않고 기르면 70세 노인이 고기를 먹을 수 있으며, 1,500여 평의 농지를 때를 어기지 않고 경작하면 여덟 식구가 족히 굶주리지 않게 됩니다.

明君制民之産, 必使仰足以事父母, 俯足以畜妻子, 樂歲終身飽, 凶年免於死亡. 然後驅而之善, 故民之從之也輕. 今也制民之産, 仰不足以事父母, 俯不足以畜妻子, 樂歲終身苦, 凶年不免於死亡. 此惟救死而恐不贍, 奚暇治禮義哉. 王欲行之, 則盍反其本矣. 五畝之宅, 樹之以桑, 五十者可以衣帛矣. 雞豚狗彘之畜, 無失其時, 七十者可以食肉矣. 百畝之田, 勿奪其時, 八口之家可以無飢矣.

_「양혜왕 상」

맹자는 이렇게 백성이 흉년이라 할지라도 일정한 생활이 가능하도록 국가가 그 수입을 보장해 주어야 한다고 한 후 그

방안을 매우 구체적으로 언급한다. 그런데 여기서 이러한 의문이 들 수 있다. 왜 50세 노인이 비단옷을 입는 것과 70세 노인이 고기를 먹는 것을 잘된 정치의 표본인 양 언급했을까? 이에 대한 맹자의 답은 "나이 오십이 되면 비단옷이 아니면 따뜻하지 않고, 나이 칠십이 되면 고기가 아니면 배부르지 않다"[14]였다. 맹자의 항산론은 비단옷을 입고 고기반찬을 먹는, 그렇게 자못 사치스럽다고 할 정도로 백성의 일정한 수입을 보장해 주어야 한다는 얘기가 아니었다. 사람은 나이 쉰이 되면 몸에 활기가 떨어져 비단옷처럼 촘촘하게 짠 옷을 입지 않으면 쉬 추위를 타며, 일흔이 되면 고기 같은 고단백 음식을 먹지 않으면 쇠해진 기력을 보충할 길이 없게 된다. 세상 물정 모른 채 오로지 도덕만을 우선하는 이에게서는 보이지 않는, 삶에 대한 섬세한 눈길을 여기서 마주하게 된다.

:: 하천 건네주기, 하천에 다리 놓기

맹자는 자기 원칙, 이념에 충실했지만 동시에 실제 현실에 대한 유연하고도 섬세한 태도를 지니고 있었다. 원칙을 지킬 때는 단호하고도 꼿꼿하게 지켰다. 선생님께서 말씀하시는 도가 너무도 고상하고 위대해서 하늘에 오르는 것같이 도달할 수 있을까 매우 우려된다면서 목표를 다소

낮게 잡아 매일같이 열심히 추구하면 가닿을 수 있게 하는 것이 어떠하시냐는 제자의 요구에 맹자는 단호하게 답한다. 훌륭한 장인은 졸렬한 장인들을 위해 기준을 바꾸지 않고, 활의 달인인 예는 졸렬한 사수들을 위해 활 쏘는 법을 바꾸지 않았다고 말이다.

그에게 법도는, 또 도덕은 문제를 영구히 해결하는 참된 방도였다. 하여 정치를 잘해서 공자로부터도 크게 칭송되었던 정나라의 자산과 같은 방도를 그는 서슴없이 비판하였다. 자산은 백성들이 하천을 도보로 건너는 불편함을 겪는 모습을 보고는 자기 수레에 태워 하천을 건너게 해 주었다. 이는 백성에게 분명 은혜로운 행위이다. 다만 궁극적 해결책은 아니었다. 하천을 건너고자 하는 백성이 있을 때마다 그 한 사람 한 사람을 일일이 자기 수레에 태워 건너게 해 줄 수는 없기 때문이다. 맹자가 제시한 방도는 하천에 다리를 놓는 것이었다. 시간이 걸리더라도 그렇게 하는 것이 백성들에게는 더욱 나은 방도라는 것이었다. 맹자 보기에 도덕은 바로 하천에 놓인 다리와 같은 것이었다. 백성이 또 온 나라가 도덕으로 무장할 때까지 시일이 제법 걸리겠지만, 일단 그렇게만 된다면 백성과 나라는 영구히 평안을 누릴 수 있게 된다는 것이다. 도덕의 길이 당장의 문제를 바로바로 해결해 주지는 못하지만, 중장기적으로 보면 백성과 나라에 이로운 길이라는 뜻이니 이러한 점에서는 도덕의 길도 현실적이라고 할 수 있다. 하여 뜻을 얻지 못하면 홀로라도 자신을 선하게 하고, 곧 홀로라도 도덕의 길을 걷고 뜻을 얻으면 천하를 더불어 선하게 만들고자 하는, 곧 천하와 더불어 도덕의 길로 나아간다는 지향을 맹자는 시종일관 유지하였다.

반면에 현실을 감안할 때면 예컨대 자녀는 서로 바꾸어 교육해야 한다고 권유할 정도로 섬세함을 드러내 보였다. 도덕을 따르는 삶을 살았다고 하여 도덕적 꼰대가 되었다는 것도 아니다. "사람들의 병폐는 다른 사람의 스승 되기를 좋아하는 데 있다"[15]라며 그는 꼰대이기를 스스로 거부하였다. 비록 시간이 걸릴지라도 자신이 선택한 도덕을 따르는 좋은 삶이라는 길이 옳은 길이라고 확신하였기에 고루함에 잠식되지 않고 유연하고도 섬세하게 현실을 대할 수 있었음이다.

···· '홀로'일지라도 나아가는 삶

부강한 나라,
도덕적 국가

ᴨᴨᴨᴨ

맹자는 자기 사상을 펼치기 위해 천 리를 멀다 않고 양나라의 도읍 대량으로 가서 혜왕을 알현했다. 양나라의 원래 이름은 위나라였는데 당시에는 그렇게도 불리고 있었다. 혜왕은 자신의 조국 위나라를 강대국으로 만들고 싶은 욕망이 컸다. 그래서일까, 그는 당시 전 중원에 명망이 자자했던 맹자를 보자마자 "어르신께서 천 리를 멀다 않고 오셨으니 앞으로 우리나라에 틀림없이 이익이 있겠습니다"[16]라며 반겼다. 그런데 맹자는 이 말에 정색을 하며 하필 이익을 말씀하시냐며 혜왕의 기대에 찬물을 끼얹었다. 그러고는 오직 인의(仁義)가 있을 따름이라고 못 박았다.

:: 이익이라는 바이러스

혜왕 입장에서는 너무나 터무니없는 얘기였을 터였다. 저마다 부국강병을 도모하는 판국에 인의로 대체 무얼 할 수 있냐는 반문이 모르긴 해도 욱하고 올라왔을 터다. 상황이 이러함에도 맹자는 아랑곳하지 않고 말을 이어 갔다.

왕께서 어찌해야 내 나라를 이롭게 할까 하면 대부들은 어찌해야 내 고장을 이롭게 할 수 있을까 하고. 사와 서민들은 어찌해야 내 자신을 이롭게 할 것인가 하며, 위아래에서 이익을 다투어 나라가 위태롭게 됩니다. 전차 만 대를 소유한 나라에서 그 군주를 시해할 이는 반드시 전차 천 대를 소유한 고장의 대부이며, 전차 천 대를 소유한 나라에서 그 군주를 시해할 이는 전차 백 대를 소유한 고장의 대부입니다. 만에서 천을 취하고, 천에서 백을 취함이 적다고 할 수 없지만 의로움을 뒤로 하고 이익을 앞세우면 다 가질 때까지 만족할 줄 모르게 됩니다. 어질면서 자기 부모를 버린 이는 없었으며 의로우면서 자기 군주를 뒤로 미루어 둔 이는 없었습니다. 왕께서는 또한 인의를 말씀하셔야 할 따름인데 왜 하필 이익을 말씀하셨습니까?

王曰何以利吾國, 大夫曰何以利吾家, 士庶人曰何以利吾身, 上下交征利而國危矣. 萬乘之國弒其君者, 必千乘之家, 千乘之國弒其君者, 必百乘之

家. 萬取千焉, 千取百焉, 不爲不多矣, 苟爲後義而先利, 不奪不饜. 未有仁
而遺其親者也, 未有義而後其君者也. 王亦曰仁義而已矣, 何必曰利.

_「양혜왕 상」

여기서 맹자는 고도의 수사학적 전략을 구사한다. 이익 운운하는 왕의 면전에서 왜 하필 이익을 운운하느냐, 오직 인과 의가 있을 따름이라며 왕에게 면박을 주더니 결론은 인의를 언급하는 것이 왕에게 유리한 일이라고 끝맺음한다. 언뜻 이익 운운해서는 안 된다는 얘기를 한 것처럼 보이지만 결국 이익 여부로 왕을 설득하려 한 것이다.

이익을 앞세우지 않고 인의를 앞세우는 것이 결과적으로 이익이라는 논리를 펼치는 과정이 자못 흥미롭다. 일국의 최고 지도자인 왕, 곧 제후가 이익 운운하면 그다음 계층인 대부들이 이익 운운하게 되고, 그러면 위정자 계층의 하층을 이루는 사 계층과 피지배 계층인 서민들도 이익을 운운하게 된다는 것이다. 그러다 위 계층이 자기 이익 실현에 방해가 된다고 판단되면, 다시 말해 위 계층을 제거하는 것이 이익이 된다고 판단되면 주저하지 않고 이를 실행으로 옮긴다고 한다. 수레 백 대나 천 대를 갖고 있는 것이 결코 작은 것이 아님에도 자기보다 더 갖고 있는 자가 지닌 부를 탐하게 마련이어서 결국은 다 가질 때까지 탐욕을 그칠 수 없게 된다는 논리다. 이것이 인지상정이라는 것이다.

이 과정을 보면 이익이 마치 바이러스처럼 감염되고 전파되는 듯하다. 맹자가 바이러스라는 존재를 알았을 리 만무하지만, 이익 추구 풍조가 위아래로 재빨리 전파된다는 점은 분명하게 간파하고 있었다.

반전론자였던 송경이라는 이가 초나라와 진나라로 가서 서로 전쟁하려는 것을 막으려 했다. 그런 송경을 맹자가 하루는 길에서 마주쳤다. 맹자는 송경에게 어떻게 초나라와 진나라 왕을 설득할 것인지를 물었다. 송경은 전쟁이 이롭지 못하다는 논리로 설득하려 한다고 답했다. 그러자 맹자는 잘못된 방책이라며 말렸다. 이익을 운운하며 초와 진의 왕을 설득하여 그들이 설득된다면, 초와 진나라 신하들은 군주가 이익을 좋아한다고 판단하여 자신들의 마음에도 이익을 도모하는 마음을 품고서 군주를 섬기게 된다. 나아가 자식 된 이들도 이익을 추구하는 마음을 품고서 부모를 섬기게 되니 임금과 신하가, 부모와 자식이, 형제와 자매가 인의를 버려두고서 이익만을 마음에 품은 채 서로를 대하게 된다. 맹자는 나라가 이 지경이 되어서 망하지 않은 예는 없다며 송경을 비판했다.

나라에 이익이 된다고 하여 선택을 했더니 이익이라는 바이러스가 나라를 삼켜 버려 급기야 나라가 망하고 마는 불이익이 발생한다는 논리다. 이러한 판단 아래 이익 대 인의라는 구도를 설정하고 이익을 멀리하고 인의만을 추구하는 것이 결국은 이익이 된다는, 이익을 선호하는 시대 풍조에도 통용될 수

····· '홀로'일지라도 나아가는 삶

있는 나름의 논리를 구성해 낸 것이다.

:: 내가 패도를 거부하는 이유

공자의 동네에서는 예닐곱 살 어린 아이도 패도를 비판할 줄 안다는 얘기가 있다. 부국강병을 국가 정책의 영순위로 놓고 도덕의 추구가 이에 방해가 되면 기꺼이 도덕을 후순위로 돌리거나 외면하는 정치가 바로 패도다. 그 맞은편에는 왕도가 있다. 공자로 대변되는 성인의 말씀에 의거하여 도덕 정치, 그러니까 덕치로 세상을 다스리는 정치가 바로 왕도다. 이익으로 이익을 추구하는 정치가 패도라면 도덕으로 이로움을 추구하는 정치가 왕도인 셈이다.

맹자가 살았던 시대는 어디까지나 패도의 시대였다. 강력한 국력을 갖추어 중원 유일의 패자가 되고자 하는 기풍이 전 중국에 두텁게 깔려 있던 시절이었다. 이럴 때 맹자는 패도를 강하게 반대하며 오로지 왕도가 있을 뿐이라며 목청을 돋우었다. 그러한 맹자가 받아들여질 가능성은 당연히 무척 낮았다. 한자권 불세출의 역사서 『사기』를 저술한 사마천의 증언이다.

제나라에 가서 선왕을 섬겼으나 선왕이 쓰지 않았고 위나라 도읍 양에 갔으나 혜왕도 맹자가 말한 바를 행하지 않았으니 세상 물정과 동떨어

져 현실성 없다고 여겨졌기 때문이다. 당시에 진나라에서는 상앙을 등
용하고 초나라와 위나라에서는 오기를 등용하였으며 제나라에서는 손
자와 전기를 등용하는 등 천하가 합종과 연횡에 힘써 공격과 정벌을
현명하다고 여겼다. 그러함에도 맹자는 요임금과 순임금, 우임금, 탕
왕, 문왕, 무왕, 주공의 덕을 설파하였으니 이 때문에 가는 곳마다 뜻이
위정자와 합치되지 못하였다.

游事齊宣王, 宣王不能用. 適梁, 梁惠王不果所言, 則見以爲迂遠而闊於事
情. 當是之時, 秦用商君, 富國彊兵. 楚魏用吳起, 戰勝弱敵. 齊威王宣王用
孫子田忌之徒, 而諸侯東面朝齊. 天下方務於合從連衡, 以攻伐爲賢, 而孟
軻乃述唐虞三代之德, 是以所如者不合.

_『사기』「맹자순경열전」

맹자가 세상에서 받아들여지지 않은 까닭은 상앙이나 오기,
손자, 전기와 같이 나라를 부강하게 만드는 방책이 아니라 요순
과 같은 성인의 말씀으로 나라를 덕스럽게 만드는 방책을 제시
했기 때문이다. 패도의 전성시대에 그것과 정반대되는 왕도의
가치를 높이 든 것이다. 맹자는 왜 이러한 길을 선택했을까? 일
반적 평가처럼 그가 현실 물정을 도외시했고 꼰대마냥 자기 이
념만이 옳다고 고집했기 때문일까?『맹자』를 보면 그렇게 볼 수
는 없을 듯하다. 그보다는 그가 보기에 왕도정치가 현실성이 아
예 없다거나 그르다고 할 수는 없었기 때문이다.

『맹자』를 보면 양 혜왕이나 제 선왕같이 겉으로는 맹자의 말을 듣는 체했지만 속으로는 현실적이지 못하다며 맹자의 말을 배척했던 이들만 있었던 것은 아니다. 비록 나라는 작았지만 등나라의 문공 같은 군주는 적극적으로 맹자의 말대로 정치를 해 보려 했고, 그 결과 성인이 나타나 왕도를 펼친다는 소식을 듣고 등나라로 이주하는 이들도 있었다. 나라의 크기나 강성함 등은 우선적 고려 대상이 아니라는 맹자의 주장에 동조한 결과였다. 맹자는 요임금이나 순임금, 우임금, 탕임금 같은 성군들이 땅이 넓었기에 천자가 될 수 있었던 게 아니라고 단언한다. 천하를 강점해서 온 백성을 자기 휘하에 두었기 때문에 천자가 된 것도 아니라고 한다. 비록 땅은 좁고 백성 수도 적었지만 왕도를 펼쳐 천하 백성의 마음을 얻게 되어 천자가 될 수 있었고 그 결과로 넓은 땅을 차지하게 되었다고 보았다. 물론 이렇게 되기까지는 시일이 제법 걸린다. 그러나 맹자는 건널 다리가 없어 하천 건너기를 힘들어하는 백성을 수레에 태워 건네주는 것처럼 이익을 바로바로 실현하는 것이 패도라면, 시일이 한참 걸릴지라도 하천에 다리를 놓아 줌으로써 중장기적으로 이로움을 안겨 주는 것이 왕도라고 보았다. 결국 관건은 이익 실현에 걸리는 시간이었다. 패도는 그 시간이 상대적으로 빨랐고 왕도는 그 시간이 자못 길었다. 한시바삐 강력한 국력을 갖추어 중원 패자 경쟁에서 유리한 고지를 점하자는 시대 기풍에 왕도는 배척되고 패도가 잘 어울릴 수밖에 없었던 이유다.

맹자 주장이 현실성 없다고 할 때 그 비판의 근거는 이처럼 시간의 문제였지 왕도 자체가 그르다든지 현실에 적용할 수 없다 등의 이유가 아니었다. 그래서 오패(五霸), 그러니까 패도로 부국강병을 일구어 냈던 다섯 명의 대표적 패자들은 인의와 같은 왕도의 핵심을 오랫동안 가져다 쓰기도 했다. 그것이 나라를 부강케 함에 도움이 되기에 굳이 안 쓸 이유가 없었다. 물론 맹자는 패자들이 인의를 활용한 것을 두고 진심으로 인의를 추종해서가 아니라 이익이 되기에 인의로 가장한 것에 불과하다며 그 의미를 폄하했지만, 이러한 사례는 왕도 자체가 현실성이 없다거나 잘못됐다고 할 수 없음을 잘 말해 준다. 더군다나 패자가 자신들의 힘에 근거한 정치를 어짊에 근거한 정치로 가장했다는 맹자의 증언을 통해 패자조차 인의가 백성들에게 환영받는 점을 인정했음을 알 수 있다. 하여 맹자는 패도가 대세인 시절을 살았지만 왕도를 포기할 수 없었다. 더구나 패도의 궁극적 목표는 중원 최강의 패자가 되는 것, 곧 천하에 적이 없는 것이었다. 맹자 보기에 천하에 적이 없게 하고자 하면서 왕도를 쓰지 않는 것은 뜨거운 물건을 잡고 있으면서도 찬물로 씻지 않는 것과 같은 도통 이해 안 되는 행위였다. 왕도의 다른 이름인 어진 정치야말로 천하무적이라고 철석같이 믿고 있었기 때문이다. 인자무적이라는 말이 있는 것처럼 말이다.

사실 맹자가 말했던 왕도는 도덕적으로 고양된 이들이 펼쳐 내는 고상하고 격조 높은 태평성대가 아니었다. 지극히도 현실적이고 실제적이었다. 이를테면 다음과 같은 정치였다.

현명한 이를 존중하고 유능한 이를 등용하여 뛰어난 인물이 관직에 있게 되면 천하의 사(士)들이 모두 기뻐하며 그 조정에 서려 할 것이다. 시장에서는 점포를 마련해 주고 세금을 징수하지 않으며 법에 따라 묵은 화물을 수매하여 오래 묵혀 둘 것이 없게 하면 천하의 상인들이 기뻐하며 그 시장에 물건을 들이려 할 것이다. 관문에서는 조사만 하고 통행세를 매기지 않으면 천하의 여행자들이 다 기뻐하며 그 길로 나아가려 할 것이다. 농부에게 공전을 경작하게만 하고 사전에 세금을 매기지 않으면 천하의 농부들이 모두 기뻐하며 그 들판에서 경작하고자 할 것이다. 주택에 인두세와 가구세가 없다면 천하의 백성들이 모두 기뻐하며 그 나라의 백성이 되고자 할 것이다. 진실로 이 다섯 가지를 능히 행할 수 있다면 이웃 나라의 백성들은 그를 마치 부모 보듯이 할 것이다. 자녀와 형제를 이끌고 자기 부모를 공격하는 것은 인류가 생긴 이래로 성공한 적이 없었다. 이렇게 되면 천하무적이게 된다. 천하에 적이 없는 이는 하늘이 임명한 관리이다.

尊賢使能, 俊傑在位, 則天下之士皆悅而願立於其朝矣. 市廛而不征, 法而不廛, 則天下之商皆悅而願藏於其市矣. 關譏而不征, 則天下之旅皆悅而願出於其路矣. 耕者助而不稅, 則天下之農皆悅而願耕於其野矣. 廛無夫里之布, 則天下之民皆悅而願爲之氓矣. 信能行此五者, 則鄰國之民仰之若父母矣. 率其子弟, 攻其父母, 自生民以來, 未有能濟者也. 如此, 則無敵於天下. 無敵於天下者, 天吏也.

_「공손추 상」

　이것이 인의를 기반으로 다스리는 왕도정치의 실상이다. 그것이 도덕을 기반으로 한다고 할 때 그 실질은 이렇듯 백성에게는 조세를 최소화하는 것이고 식자층에게는 능력대로 등용될 수 있게 해 주는 조치이다. 어디에도 도덕적 수양을 기본으로 한다는 언급은 없다. 먹고살 수 있게 해 준 다음에 예의를 닦는다는 공자 이래의 준칙이 어김없이 적용된 셈이다. 그러함에도 이러한 왕도정치의 실질이 현실성 없다며 배척되었다. 하여 현실성 없다고 할 때의 현실이 누구의 현실인지를 되물을 수밖에 없다. 백성에게 유리한데도 현실성 없다고 한다면 그건 백성의 현실이 아님이 분명하다. 결국 그 현실은 군주를 위시한 위정자들의 현실이었던 것이다. 그들이 말하는 국가의 부강함은 백성의 부강함이 아니라 위정자 자신들의 부강함이었음이다. 백성의 부, 그러니까 민부(民富)가 국부의 실질임을 부정하고 위정자의 부유함이 국부의 실질이라고 굳게 믿는 이들의 현실 말이다.

　맹자가 도덕의 힘으로 세상을 다스려야 한다고 할 때의 도덕은 위정자들이 자기 이해관계가 아닌 백성의 이해관계를 앞세울 줄 아는, 곧 위정자들에게 요구된, 위정자 자신들의 이기적 욕망을 제어할 수 있는 힘을 가리키는 것이었지 백성에게 도덕적 소양을 갖추라는 의미가 아니었다. 맹자가 세상 물정 모른다는 비난에 늘 직면했지만 패도를 지지하지 않고 왕도를 일관되게 주장했던 것은 그의 영혼과 실존에는 위정자의 편안함이 아니라 안민(安民), 그러니까 백성의 편안함만이 들어 있었기 때문이다.

:: 도덕과 정치

            왕도정치에 대한 맹자의 지향은 확고했다. 그는 분열되어 사생결단의 쟁투를 벌이는 중원이 왕도정치로 하루빨리 통일되어야 한다고 믿었다. 패도를 추구하는 이들이 부강함으로 중원을 통일하고자 했다면 맹자는 도덕의 힘으로 중원을 통일하고자 했던 것이다.

『맹자』를 보면 이곳저곳에서 맹자가 성인론을 펼친 장면과 마주하게 된다. 성인은 맹자를 비롯한 유가의 도덕적 정치의 정점에 놓이는 인물이다. 『맹자』에는 이와 관련하여 공자를 성인으로 볼 수 있는지의 문제, 성인으로 볼 수 있다면 그 이전의 성인들과 비교할 때 어느 정도 급인지, 백이나 이윤, 유하혜같이 현자로 이름난 이들은 성인인지, 그들이 성인이라면 공자와 같은 급인지 등에 대한 논의가 펼쳐져 있다. 유가에서 성인론은 유가의 정통성을 세우는 근거가 되는 만큼 유가인 이

상 성인론을 다루지 않을 수 없기에 맹자도 성인론을 다루었다고 볼 수도 있다. 그러나 이는 이렇게도 읽을 수 있다. 곧 도덕을 기반으로 중원의 큰 통일을 실현할 때 긴요한 과제의 하나는 나뉘어 싸우던 나라들이 공통의 단일한 정체성을 지니는 것이다. 공통의 역사를 구축하는 것은 이러한 과제를 푸는 데 유력한 방안이 되곤 한다. 가령 서로 나뉘어 싸우기 전에 우리 모두는 실은 공통의 조상으로부터 갈래 쳐 나온 후손들이라는 식의 신화화된 역사를 만들어 내는 것이다. 그러니 다시 하나로 합치는 것은 당연하다는 논리다. 맹자의 성인론도 이러한 맥락에서 이해가 가능하다. 곧 전국시대 당시 중국이 몇 개의 나라로 나뉘어 서로 싸우고 있지만 그렇게 되기 훨씬 전의 중국은 요임금부터 시작되는 거룩한 성인의 계보가 이어져 오는 원래부터 하나였다는 신화화된 역사를 만들어 낸 것이다. 우리 모두는 그러한 성인의 후손들이므로 다시 하나로 합치는 데 아무런 장애가 있을 수 없다는 사유다.

맹자가 틈만 나면 효를 강조한 것도 이러한 맥락에서 읽을 수 있다. 그는 공자처럼 효를 어짊의 핵심으로 규정하고 효를 행함이 천하의 왕 노릇하는 것보다 더 중요하다고 여겼다. 천륜이라 일컬어지는 부모 자식 간의 윤리적 관계를 가리키는 효를 중시한다는 것은 도덕적 원리주의자였던 맹자에게는 너무도 당연해 보인다. 그러나 이 또한 도덕을 기반으로 중원의 큰 통일을 도모하고자 했던 맹자에게는 중원 통일의 중요한 근거였다. 효는 서로 나뉘어 싸운다고 해도 싸우는 이들 모두가 동의할 수 있는 제일의 윤리 덕목이기 때문이다. 곧 누구에게나 적용되는 공통의 윤리학적 기반을 효라는 덕목의 강조를 통해 구축해 낼 수 있게 된다. 도덕 기반 중원 통일의 윤리학적 기반을 효를 통해 구축해 내고자 한 시도로 읽을 수 있다는 얘기다. 효담론 또한 맹자의 도덕 정치의 중요한 일부였음이다.

비단 효뿐만이 아니다. 인간은 누구나 본성이 선하다는 성선설도 이러한 맥락에서 읽을 수 있다. 나라가 서로 나뉘어 싸우는 시대를, 사상도 제자백가라는 말이 시사해 주듯이 서로 달랐던 시대를 살던 사람들에게 하나의 정체성을 갖추어 주는데, 이를테면 "너나 나나 우리 모두 착하게 태어난 동질의 사람"이라는 설정은 공통의 윤리학적 기반을 형성하는 데 더없이 좋은 터전이었다. 맹자의 도덕적 정치는 이처럼 도덕을 기반으로 중원을 크게 통일하는 데 소요되는 공통의 윤리학적 기반을 구축하는 데 그 쓸모가 쏠쏠했던 중원 대통일 기획의 일환이었던 셈이다. 성선설 또한 맹자의 도덕적 정치 기획의 핵심이었음이다. 맹자가 패도의 시대이지만 도덕의 힘으로 세상을 다스린다는 도덕 정치, 그러니까 왕도를 포기하지 못했던 까닭이다.

천자,
아버지

∩∩∩∩

삶이 선택의 연속인 한 딜레마는 언제 어디서든 존재할 수 있다. 지금도 마찬가지다. 가령 최근 몇 해 동안 우리 사회의 주요 화두가 되어 온 공정과 관련해서는 이러한 딜레마적 상황에 곧잘 처하곤 한다. "나에게는 이로운데 전체 차원에서는 해로울 때, 나에게는 해롭지만 전체 차원에서는 이익이 될 때, 나는 어떻게 할 것인가?" 물론 '나'와 '전체'가 어떻게 대등할 수 있느냐고, 당연히 '나'를 우선해야 한다고는 철석같이 믿는 이에게는 딜레마가 될 리가 없지만 말이다.

:: 천자와 살인자 아버지

순이라는 성군이 있었다고 한다. 신

화 속 인물이기 때문에 역사 속에 실재했다고 백 퍼센트 믿을 수는 없는 인물이다. 그러나 요임금을 이어 천하를 태평하게 잘 다스렸다는 신화를 전근대 시기 중국인들은 엄연한 사실로 믿었다. 순에게는 고수라는 앞 못 보는 아버지가 있었다고 한다. 그는 순의 생모가 세상을 떠나자 후처를 얻었고 후처에게는 상이라는 아들이 한 명 있었다.

순은 이들 부모를 성심으로 섬겼고 이복동생도 잘 대해 주었다. 그러자 효자로 이름이 세상에 나기 시작했고, 이에 당시 천자였던 요임금이 순을 시험해 보고자 자신의 두 딸을 순에게 시집보내어 그의 품행과 역량을 살피게 했다. 순은 과연 평판대로 두 부인과의 일상생활을 화목하게 잘 이끌었다. 그러자 요임금은 순의 다른 역량을 알아보기 위해 재차 여러 차례 시험하였고, 순은 그때마다 어떤 과업이든 훌륭하게 수행해 내어 요임금으로부터 많은 재물을 상급으로 받았다. 그런데 순의 계모와 이복동생이 그 재물에 대한 욕심이 생겼다. 게다가 아버지 고수는 하필이면 우둔했다. 계모는 이러한 고수를 이용해서 순을 제거하고 재물을 강탈하려 하였다.

하루는 상급으로 받은 창고 지붕을 순에게 수리케 하고는 사다리를 치워 버리고 창고에 불을 놓았다. 뛰어내리기에는 자못 높았던지라 목숨이 위태로운 상황이었다. 그런데 순은 미리 준비해 간 커다란 삿갓을 날개 삼아 뛰어내림으로써 목숨을 부지했다. 하루는 순더러 우물을 깊게 파라고 시킨 후 우물을 메

꿔 버렸다. 그러나 순은 우물을 파면서 빠져나올 수 있는 굴을 하나 더 팠기 때문에 무사히 빠져 나올 수 있었다. 이렇듯 여러 차례에 걸쳐 이들 부모와 동생은 순을 죽이려 했지만 그러함에도 순은 일관되게 부모를 잘 섬기고 동생을 잘 보살펴 그 이름이 더욱 높아졌다. 이에 요임금은 천자 자리를 순에게 양위하기에 이른다.

이러한 전설이 전해지다 보니 순과 고수의 관계는 전근대 시기 내내 쟁점이 되곤 하였다. 쟁점은 크게 두 가지로, 하나는 실재했다고 믿어져 온 일에 대한 것이고 다른 하나는 상상 속의 일에 대한 것이었다. 실재했다고 믿어져 온 일에 대한 쟁점은 순이 부모에게 알리지 않고 요의 두 딸과 결혼을 한 점에 대한 쟁론이다. 상상 속의 일에 대한 쟁점은 고수가 살인을 했다면 순은 어떻게 할 것인가라는 사고실험과 관련한 쟁론이다. 이러한 사고실험이 생겨난 이유는 앞서 말했듯이 순을 워낙 악독하게 구박하고 죽이려고 한 아버지 고수의 행위 때문이었다. 먼저 전자부터 살펴보자.

부모에게 알리지 않고 결혼을 했다는 것은 용서받기 힘든 패륜이었다. 그런데 순은 부모에게 알리지 않고 결혼을 했다고 알려졌다. 그러니 쟁점이 될 수밖에 없었다. 이에 대하여 맹자는 순을 두둔했다. 근거는 부모와 조상에게 가장 큰 불효는 대를 이을 자손을 보지 않는 것이기에 부모에게 알리지 않고 결혼을 했더라도 이것이 대를 이을 자손을 보기 위한 피치 못한

···· '홀로'일지라도 나아가는 삶

선택이라면 혼인을 알리지 않은 죄는 용서될 수 있다는 논리였다. 곧 부모에게 알리면, 가뜩이나 순을 죽이려 하는 부모인 만큼 필시 결혼을 못하게 할 것이고 그러면 대를 이을 자손을 볼 수 없게 되니 가장 큰 불효를 짓게 된다. 이는 부모에게 알리지 않고 결혼을 하는 불효보다 더 큰 잘못이니, 부모에게 결혼을 알리지 않는 상대적으로 작은 불효를 짓고서라도 대를 잇지 못하는 큰 불효는 짓지 말아야 한다고 생각했다는 것이다. 첫 번째 쟁점을 맹자는 이러한 식으로 해소한 것이다. 다음 쟁점, 그러니까 고수가 살인을 한다면 순은 어떻게 할 것인가라는 사고실험에 대해 맹자는 이렇게 답했다.

도응이 여쭈었다. "순임금이 천자이고 고요가 사법관이었을 때 고수가 살인했다면 어찌했겠습니까?" 맹자가 대답했다. "그를 체포했을 것이다." "그렇다면 순임금은 체포를 막지 않는다는 것입니까?" "순임금이 어떻게 막을 수 있겠는가? 살인자를 처벌한다는 것은 요임금으로부터 전수받아 정해 놓은 것이다." "그렇다면 순임금은 어찌하겠습니까?" "순임금은 천하를 버리는 일을 헌 짚신 버리듯 여기니 몰래 아버지를 업고 도망쳐 바닷가에 살면서, 평생 기껍게 즐기면서 천하를 잊을 것이다."

應問曰, "舜爲天子, 皐陶爲士, 瞽瞍殺人則如之何." 孟子曰, "執之而已矣." "然則舜不禁與." 曰, "夫舜惡得而禁之. 夫有所受之也." "然則舜如之

何.” 曰, “舜視棄天下猶棄敝蹝也, 竊負而逃, 遵海濱而處, 終身訢然樂而
忘天下.”

_「진심 상」

　이는 두 가지 중요한 윤리가 대치될 때 어느 윤리를 선택해
야 마땅한가라는 물음과 연관되어 있는 사안이다. 하나는 아버
지가 아무리 흉악한 범죄를 저질렀어도 아버지를 죽음에서 구
하는 것은 자식으로서 당연히 해야 하는 도리라는 윤리다. 다
른 하나는 천자라는 공인으로서 지켜야 하는 윤리다. 만약 아
버지를 구해 드릴 수 있음에도 그리하지 않으면 불효를 저지르
게 된다. 문제는 순은 자신이 천자라는 공인이었다는 점이다.
효를 이루기 위하여 아버지를 구해 드리면 어떠한 경우에도 공
적이어야 하는 천자로서의 윤리를 저버리게 된다. 천자로서 의
롭지 못하게 된다는 것이다. 역으로 아버지를 구해 드리지 않
으면 불효를 저지르게 되지만 천자로서의 의로움을 지키게 된
다. 아버지에 대한 효와 천자로서의 의로움 모두를 충족하는
길이란 없는 전형적인 딜레마 상황이다.
　이에 대한 맹자의 답은 순이 천자의 자리를 버리고 남몰
래 바닷가로 도망쳐, 세상을 잊고 아버지를 기뻐하며 모시리라
는 것이었다. 천자의 자리를 지키는 것보다는 효를 행함을 순
은 더 큰 윤리라고 판단하였음이다. 언뜻 딜레마 상황에서 어
느 한쪽의 윤리만을 선택함으로써 나머지 윤리를 도외시한 듯

　　　　　　　　····· '홀로'일지라도 나아가는 삶

보인다. 그러나 이는 표면만 읽은 결과에 불과하다. 위의 사고실험에서 주목해야 하는 대목은 "바닷가에 가서 살았다"는 대목이다. 이는 지금처럼 어느 풍경 좋은 바닷가에서 한가롭게 산다는 뜻이 아니다. 저 옛날 바닷가는 문명화된 지역과 격절되어 있던 그야말로 야만의 지대 자체였다. 곧 순이 도읍, 그러니까 문명의 핵심에서 문명의 총화를 누리던 천자 자리를 버리고, 야반도주하여 문명이라곤 거의 없는 척박한 야만의 지대에 와서 사는 선택을 한다는 이야기다. 이는 순이 효라는 윤리를 이루기 위해 크나큰 대가를 치렀음을 말해 준다.

이는 천자라는 공인으로서 마땅히 지켜야 할 의로움을 지키지 않은 대가를 제대로 치러야만 비로소 다른 윤리적 목표를 달성할 수 있음을 말해 주는 대목이다. 효라는 사적 윤리와 의라는 공적 윤리를 동시에 달성하지는 못했지만, 순의 행위는 두 가지 가치 중 어느 한 가치를 포기한다는 것의 대가가 사뭇 무거움을 드러냄으로써 어느 한 가치도 쉬이 포기할 수 없음을 강조한 것이다.

:: 작은 윤리와 큰 윤리의 충돌

순이 천자 자리를 포기하고 살인을 저지른 아버지 고수와 함께할 것이라는 맹자의 사고실험은 두

가지 윤리가 상호 배타적으로 충돌하는 상황에서 어떠한 윤리를 취해야 할 것인가라는 딜레마 상황에 대한 이야기다. 순의 선택은 효라는 사적 윤리를 도모하고자 한다면 그것은 의로움이라는 공적 윤리에 대하여 분명한 책임을 지는 범위 내에서 이루어져야 함을 분명하게 말해 준다. 그런데 이렇게 어느 한 윤리에 대하여 책임을 지는 것은 순의 예처럼 야만의 지대에서 살아가는 것과 같은 매우 고통스러운 대가를 감수해야 하는 것이었다. 순은 결국 어느 한쪽의 윤리가 더 우월하다고 얘기할 수 없는 선택을 한 것이다. 이렇듯 공적 윤리 대 사적 윤리가 충돌하고, 둘 중 어느 하나만을 선택할 수밖에 없을 때 그중 어느 것을 선택해야 하는지의 문제는 오랫동안 지속적으로 다루어질 수밖에 없는 화두였다.

> 섭공이 공자에게 말하였다. "우리 고을에 곧은 자가 있습니다. 그의 아버지가 양을 훔치자 아들임에도 이를 증언하였습니다." 공자가 말했다. "우리 고을의 곧은 자는 이와 다릅니다. 아버지는 자식을 위하여 숨겨 주고 자식은 아버지를 위하여 숨겨 줍니다. 곧음은 그 가운데 있습니다.
>
> 葉公語孔子曰, "吾黨有直躬者, 其父攘羊, 而子證之." 孔子曰, "吾黨之直者異於是, 父爲子隱, 子爲父隱. 直在其中矣."
>
> _『논어』「자로」

···· '홀로'일지라도 나아가는 삶

공적 윤리와 사적 윤리가 충돌할 때, 어느 한쪽을 선택하면 나머지는 포기해야 하는 상황에서 공자는 사적 윤리인 효를 선택했다. 이는 자신이 내건 최고의 윤리인 어짊의 핵심을 효로 본 데서 알 수 있듯이 공자가 효를 중시했기 때문에 내린 결정이었다. 그러나 이를 근거로 공자 당시에는 공적 윤리보다 사적 윤리를 보편적으로 앞세웠다고 할 수는 없다. 앞의 인용문에 분명하게 기술되어 있듯이 공자 당시에 섭공의 고을에서는 공적 윤리를 효보다 앞세우고 있었다. 공자나 맹자의 이러한 선택은 결국 두 가지의 중요한 윤리가 상충하는 딜레마 상황에서 언제 어디서든 통할 수 있는 정답이란 없음을 환기해 준다. 공자와 맹자는 자신이 처한 상황과 이해관계 내지 신념에 따라 어느 한쪽을 선택했을 따름이지, 그들의 선택을 절대화할 수는 없다는 것이다. 다만 어느 한쪽을 버린 대가는 본인이 오롯이 짊어져야 함도 아울러 일러 준다.

　　이는 성인이라고 하여 예외가 아니었다. 순은 문명과 무관한 야만의 땅을 선택해서 살아야 했고, 아무리 공자라 할지라도 곧은 자를 변호하며 효를 선택한 것으로 인해 공적 의로움을 도외시했다는 비판을 감수해야 했다. 공자가 성인의 반열로 추켜올린 백이라는 인물도 공자의 제자에게는 "원망만 할 줄 알았다"는 평가를, 맹자에게는 "속이 좁다"는 평가를 들어야 했다. 백이는 역성혁명을 일으켜 폭군 주왕을 축출하고 도탄에 빠져 신음하던 백성을 구해 준 주나라 무왕에 대하여 신하로서 임금을 무력으로 쫓아내는 어질지 못한 행위를 했다면서 공개적으로 비판한 후 저항의 의미로 곡식을 끊었다가 결국 굶어 죽은 인물이다. 어떤 경우든 군주에게 충성해야 한다는 윤리와 폭정에 신음하는 백성을 구해야 한다는 윤리가 충돌하는 상황에서 백이는 전자를 택했고 그 선택의 결과로 야기된, 그러니까 군주에 대한 충성이란 가치만 봤지 도탄에 빠진 백성의 구제라는 또 다른 선한 가치는 도외시했다는 비판을 두고두고 받아야 했다. 이러한 예는 사실 적지 않다.

제나라 환공을 보필하여 그를 중원 최초의 패자로 등극시키고 제나라를 40여 년 동안이나 최강국으로 군림하게 했던 관중도 자신의 선택으로 인한 비판을 오롯이 안고 살았다. 그는 본래 환공의 정적이었던 공자 규의 심복이었다. 제후가 되기 전의 환공은 공자 규와 제후 자리를 놓고 치열하게 경쟁하던 사이였다. 그러다 환공이 제후 자리에 오르자 그는 잠재적 정적이 될 수 있는 공자 규를 제거하려 했고 이를 알게 된 공자 규는 자결했다. 당시 풍습은 모시던 주군이 무고하게 자결을 하면 심복들도 따라 자결하는 것이었다. 관중은 그러나 자결하지 않고 환공에 투항하였고, 그의 그릇 됨을 알아본 환공에게 일거에 재상으로 중용되었다. 관중은 모시던 주군을 따라 죽는 그러한 절개를 지킴을 작은 윤리라고 보았고, 조국의 발전을 위해 헌신함을 큰 윤리라고 보아 그러한 선택을 했던 것이다. 그러나 선택의 결과로 인한 비난을 역사가 지속하는 한 내내

···· '홀로'일지라도 나아가는 삶

들어야 했다. 공자의 제자들은 관중을 "작은 그릇"이라 폄하하며 그 근거의 하나로 주군을 따라 죽지 않은 것을 들었다. 물론 공자는 관중이 이룩한 엄청난 치적을 근거로 관중을 어진 이라 두둔하며 그가 자결하지 않은 것이 자잘한 명분을 앞세워 자결하는 필부와는 견줄 수 없다고 잘라 말하긴 했지만 말이다.

복수의 달인으로 유명한 오자서도 마찬가지였다. 그는 아버지와 형이 사리사욕에 절은 신하와 군주 탓에 무고하게 처형을 당한 후 그 복수를 위해 수십 년의 삶을 바친 끝에 보란 듯이 복수를 완수한 인물이었다. 사건의 전말은 이러했다.

오자서의 부친을 눈엣가시처럼 생각하던 간신이 그가 역모를 꾸미고 있다며 무고하자 왕은 기다렸다는 듯이 오자서의 부친을 잡아들였다. 문제는 오자서와 그의 형이 당시 빼어난 역량으로 이름이 자자했다는 점이다. 오자서 형제가 아버지의 복수를 하겠다고 나서면 여간 곤란한 일이 아니었다. 그래서 왕은 오자서 형제더러 궁궐로 들어오면 아버지를 살려주겠다는 잔꾀를 부렸다. 오자서와 형은 둘 다 들어가면 아버지와 함께 세 부자가 다 처형될 줄을 익히 알고 있었다. 그렇다고 둘 다 궁궐로 들어가지 않자니 자기 목숨이 아까워 혹이라도 아버지를 살릴 수 있는 마지막 기회를 무산시켰다는 비난을 받을 게 빤했다. 그렇게 되면 아버지는 불효자 자식을 둔 셈이 되어 목숨과 체면 모두를 잃게 된다. 이러한 딜레마 상황에서 오자서 형은 자신이 궁궐로 가서 아버지의 체면을 세울 테니 오자서에게는 도망가서 아버지와 자신의 복수를 하라고 했다. 일종의 역할 분담을 하자는 것이었고 오자서는 이를 받아들였다. 오자서는 둘 다 궁궐에 들어감으로써 죽음을 무릅쓰고 효를 다하는 것을 작은 윤리라고 보고, 복수를 해서 아버지와 형의 무고함을 밝혀 명예를 회복하는 것을 큰 윤리로 보아 그 길을 택했음이다. 그렇게 오자서는 천신만고를 겪으며 도망을 간 후 수십 년간 힘을 키워 결국 복수에 성공했다. 하지만 형과 함께 궁궐로 들어가지 않아서 아버지와 형을 죽음에 이르게 했다는 비난을 늘 안고 살아야 했다.

물론 무엇이 작은 윤리이고 큰 윤리인지를 결정하는 것 자체가 정답이 없을지도 모른다. 순은 야만의 지역으로 도망갔음에도 천하를 잊고 기뻐하며 아버지와 함께 살 수 있기 때문에, 다시 말해 자신이 선택한 길로 인한 결과에 만족할 수 있기 때문에 자신이 선택한 윤리는 큰 윤리이고 버린 윤리는 작은 윤리라고 단정 지을 수 있었다.

관중이나 오자서도 마찬가지다. 자결하지 않고 조국을 위해 헌신하는 길을 택한 결과가 좋았기에, 궁궐로 들어가지 않고 복수의 길을 택한 결과가 좋았기에 그들의 선택이 큰 윤리이고 버린 선택이 작은 윤리라고 단정할 수 있었다. 애초에 언제 어디서나 이것은 작은 윤리, 저것은 큰 윤리 같은 구분이나 설정이 먼저 있지는 않았음이다. 자신이 처한 상황에서 더 크다고 판단된 윤리를 선택했고, 선택하지 않은 윤리를 어김으로 인한 대가를 온전히 감수했을 따름인 것이다.

:: 임기응변이라는 길

'상도(常道)'라는 말과 '권도(權道)'라는 말이 있다. 상도는 '늘 한결같은 도'라는 뜻으로 절대적 진리 정도에 해당한다. 권도는 '그때그때 상황에 적합한 도'라는 뜻으로 '시중(時中)의 임기응변' 정도로 이해 가능하다. 임기응변인데 원칙 없이 이랬다저랬다 하는 것이 아니라 시중을 구현하기위해 취하는 임기응변이라는 뜻이다. 여기서 시중은 '그 상황에 딱 맞는 중용' 정도의 뜻이니 권도도 상도만큼이나 가치론적 위상이 높다고 할 수 있다. 중용은 유가에서 내세우는 최고의 윤리적 가치 중 하나이니 말이다.

보통 원리주의자는 상도를 우선하고 권도는 방편에 불과하다면서 그것에 상도와 동등한 위상을 부여하지 않는다. 이들은 공자가 안빈낙도를 말했으면 어떠한 상황에서도 가난하게 살되 가난 속에서도 평안하며 도를 즐기는 삶을 살아야 한다고 믿는 이들이다. 공자는 나라에 도가 없으면 부유함이 부끄러운 일이고 가난함이 자랑스러운 일이지만, 반대로 나라에 도가 있으면 가난함이 오히려 부끄러운 일이라는 태도를 표명했음에도 말이다. 그런데 맹자는 다소 달랐다. 그 또한 원리주의적 면모를 지녔지만 그는 상도만을 고집하지 않고 권도도 수용하였다. 도를 이루는 길이 단 하나만은 아니라고 보았기 때문이다.

> 아랫자리에 거하되 자신의 현명함으로 불초한 자를 섬기지 않은 이는 백이다. 다섯 번 성군인 탕왕에게 나아가 벼슬을 구하고 다섯 번 폭군인 걸왕에게 나아가 벼슬을 구한 이는 이윤이다. 타락한 임금을 싫어하지 않고 낮은 관직이라도 사양하지 않는 이는 유하혜다. 이 세 성인은 길은 달랐지만 그 나아가는 바는 하나였다. 그 하나가 무엇인가? 바로 어짊이다. 군자는 또한 어질면 될 따름이니 어짊을 이루는 길이 다 같을 필요가 어디 있겠는가?

> 居下位, 不以賢事不肖者, 伯夷也. 五就湯, 五就桀者, 伊尹也. 不惡汙君, 不辭小官者, 柳下惠也. 三者不同道, 其趨一也. 一者何也, 曰仁也, 君子亦仁而已矣, 何必同.
>
> _「고자 하」

군자가 어짊을 구현한다는 것은 상도이다. 이러한 상도에 이르는 길, 그러니까 어짊을 구현하는 방도는 백이나 이윤, 유하혜라는 성인도 다 달랐듯이 여러 가지일 수 있다. 각자 자신이 처한 상황에서 최적의 길을 선택하여 어짊을 구현한 것이니 임기응변의 권도는 이처럼 여럿일 수 있다. 그래서 맹자는 상도를 구현하기 위한 권도를 인정했다. 그는 한 가지를 고집

···· '홀로'일지라도 나아가는 삶

하는 것은 그 하나만을 고수하느라 백 가지 가능성을 폐기하는 어리석은 행위로 결국 도를 해치게 된다고 했다. 주어진 여건을 감안하지 않고 단 하나의 방식으로만 상도를 구현하려는 꽉 막힌 태도를 단호하게 비판한 것이다.

맹자가 순이 아버지를 선택함을 천자 자리를 고수하는 것에 비해 더 큰 윤리라고 본 것도 이러한 맥락에서 이해 가능하다. 지금 우리의 감각으로는 천자 자리를 하루아침에 그만두고 아버지, 그것도 살인죄를 저지른 아버지에 대한 효를 다하고자 야만의 지대로 도망가서 산다는 것은 결코 더 큰 윤리의 실현으로 볼 수 없다. 그러나 이는 어디까지나 지금 여기의 윤리적 감각일 뿐, 맹자가 이해한 순은 효를 더 중시했다는 것이다. 곧 맹자는 순이 천자 자리를 버림으로써 공적 의로움을 다하지 못하게 되었지만 자신이 생각하는 가장 큰 윤리인 효를 실천하게 되었음을 상도를 실현하기 위한 권도로 보고 이를 긍정했음이다. 곧 천자 자리를 버림을 효라는 상도 실현을 위한 권도로 보았던 것이다. 맹자가 도덕적 원리주의자였지만, 사안에 따라 유연하게 사유했음을 보여 주는 대목이다.

도덕적인 삶,
강한 삶

∩∩∩∩

맹자는 강자 앞이라고 하여 주눅 드는 법이 없었다. 일국의 군주는 언제라도 마음먹은 대로 사람의 목숨을 끊을 수 있는 존재였다. 그러한 서슬 퍼런 권력 앞에서도 마찬가지였다. 우리는 신하라면 모름지기 군주에게 잘못이 있으면 목숨을 걸고서라도 꼿꼿하게 직언해야 맞는 것이라고 생각하곤 한다. 그러나 이는 말처럼 쉬운 일이 아니다. 강자든 약자든 간에 상대방에게 내가 하고 싶은 얘기를 직설적으로 다했던 경험이 얼마나되는지를 스스로 짚어 보기만 해도, 이 일이 얼마나 어려운지는 쉬이 알 수 있다.

:: 센 인간, 센 말투

하루는 제나라 선왕이 맹자에게 '경'에 대해 물었다. 경은 조정에서 고위직에 오른 이들을 가리키는 일종의 존칭이었다. 이들은 언제라도 왕에게 도전할 수 있는 힘을 지닌 이들이었다. 맹자는 어떤 경을 말하냐고 되물었다. 그러자 선왕은 경에도 종류가 있냐고 물었다. 이에 맹자는 두 종류가 있다고 답하였다. 하나는 왕의 친척이면서 경인 부류이고, 다른 하나는 왕의 친척이 아니면서 경인 부류가 그것인데, 친척인 경은 군주에게 큰 허물이 있어서 이에 대해 간했는데도 임금이 허물을 반복해서 범하면 군주를 갈아치운다고 했다.

왕의 안색이 일순간 돌변하였다. 군왕을 내쫓는다는 금기어 중의 금기어를 너무나도 천연덕스럽게 내뱉고 있으니 안색이 바뀌는 건 너무나도 당연했다. 그러자 맹자는 괴이하다고 여기지 마시라며 자기에게 하문했기에 솔직하게 대답할 수밖에 없어서 그렇게 말한 것이라며 선왕을 진정시켰다. 잠시 후 평정을 되찾은 선왕이 그러면 친척 아닌 경들은 어떠하냐고 물었다. 맹자는 친척이 아닌 경들은 임금이 큰 허물을 범했을 때 이에 대해 간했는데도 임금이 허물을 반복하면 관직을 그만두고 훌훌 떠난다고 답했다. 이게 무슨 큰일이겠냐 싶겠지만 당시로서는 그렇지 않았다. 고위직에 있다는 것은 그만큼 역량이 출중하다는 뜻인데 그렇게 역량이 빼어난 이들이 하루아침에 조정을 떠난다면 국가에 끼치는 손실이 적을 수는 없다. 더구나 맹자의 시대는 명성이 매우 중요시되었던 시절이다. 자기 몸을 일부러 해쳐 가면서까지 명성을 얻고자 했던 시대였다. 역량 있는 이들이 하루아침에 관직을 그만두고 조정을 떠났다는 소문이 나면 그 나라의 국제적 위신이 바닥에 처박히는 건 시간문제이고 군주의 체면도 말이 아니게 된다. 여러모로 적잖은 타격이 야기되는 행보였다. 맹자는 이처럼 생살여탈권을 지닌 군주 앞임에도 필요하다고 판단되면 군주가 사뭇 불쾌해했을 얘기를 거침없이 당당하게 했다.

양나라 혜왕 앞에서는 한 걸음 더 나아갔다. 가르침을 청한다고 왕이 말하자마자 맹자는 혜왕에게 몽둥이로 사람을 죽이는 것과 정치로 사람을 죽이는 것 사이에 차이가 있느냐고 물었다. 혜왕이 다를 바 없다고 답하자 이번에는 칼로 사람을 죽이는 것과 정치로 사람을 죽이는 것 사이에 차이가 있냐고 물었다. 혜왕은 이번에도 차이가 없다고 답했다. 그러자 맹자는 왕의 주방에는 살진 고기가 있고 마구간에는 살진 말이 있는데 백성들에게는 굶주린 기색이 역력하고 들판에는 굶어 죽은 시신이 있으니 이는 금수를 이끌어다 사람을 먹게 하는 것과 진배없다는 돌직구를 날렸다. 당신이 만백성의 어버이인 군주임에도 지금 정치로 백성을 죽여 동물에게 먹이로 던져 주고 있다고 직언한 셈이었다.

뿐만이 아니었다. 범접하기조차 힘든 최고 권력자인 군주를 비아냥대기도 했다. 혜왕이 제사의 희생물로 끌려가는 소가 벌벌 떠는 모습을 보고는 이를 양으로 바꾸라고 명하자 맹자는 일관되지 못한 행위라며 "소가 죄 없이 도살장으로 끌려가는 것을 측은하게 여기셨다면 소와 양은 어째서 구분해서 측은해하신 것입니까?"[17]라며 은근하게 그러나 대놓고 비아냥댔다. 죄 없이 제사에 희생이 되는 것이 안타까웠다면 이는 소뿐 아니라 양에게도 동일하게 적용되었어야 하는 게 아니냐는 논리였다. 이에 혜왕은 내가 무슨 마음으로 그랬는지 모르겠다며 멋쩍어했다. 시늉에 가까운 정책 한두 가지를 펼친 다음에 왜 자기 나라 백성이 늘어나지 않느냐고 혜왕이 불평하자 맹자는 왕의 행위는 전쟁터에서 오십 보 도망간 이가 백 보 도망간 이를 비웃는 것과 같다며 비아냥대기도 했다. 심지어는 "진실로 어진 정치에 뜻이 없다면 평생 근심하고 치욕을 겪다가 사망이라는 함정에 빠질 것"[18]이라며 협박에 가까운 언사를 구사하기도 했다.

군주 앞에서 당신이 정치를 못하면 쫓겨나 죽을 수도 있다는 얘기를, 당신이 지금 백성을 죽이고 있다는 얘기를 아무렇지도 않게 꺼내는 건 분명 예사로운 일은 아니다. 군주를 비아냥대거나 협박하듯 강한 어조를 구사하는 것도 마찬가지다. 그러함에도 맹자에게는 상대가 강하다고 하여 주눅 드는 일 따위는 없었다. 그는 센 인간답게 센 말투를 늘 거침없이 구사했다. 한마디로 '기세 당당' 맹자였다. 그는 양나라로도 불리던 위나라의 양왕을 알현하고는 "멀리서 바라보니 임금 같지 않고 가까이 다가가서 봐도 경외할 만한 바를 보지 못하였다"[19]라는 위험한 발언을 서슴지 않았다. 제나라 선왕에게는 임금이 신하 보기를 자신의 수족처럼 보면 신하도 임금을 자신의 배와 심장 보듯이 소중하게 여기지만, 임금이 신하 보기를 개나 말 보듯이 하면 신하도 임금을 그냥 백성 중의 한 명 보듯이 보고, 임금이 신하 보기를 흙이나 풀잎같이 하면 신하는 임금을 원수 보듯이 본다고도 하였다.

하나같이 센 발언들이다. 게다가 이는 어쩌다 그렇게 나온 발언이 아니었다. 스스로 자신의 가장 큰 장점으로 '지언(知言)', 그러니까 말을 아는 것이라고 꼽은 데서도 보이듯이 맹자는 말의 기술자였다. 『맹자』를 보면 맹자의 그러한 면모가 곳곳에 잘 드러나 있다. 『맹자』는 표준적 문장에 글의 기세가 좋아 내용이 거침없이 물 흐르듯 전개되며, 문체가 화려하지 않으면서도 격조가 있어 글에서 꿋꿋한 힘이 느껴진다. 논쟁 솜씨도 일품이었다. 인성론, 도덕론을 놓고 큰 차이를 보였던 고자와의 논쟁에서 맹자는 늘 시원한 기세로 논쟁을 승리로 이끌었다. 그의 센 말들은 그의 강한 기질이라는 바탕 위에 말에 대한 그의 빼어난 역량이 더해진 결과였던 것이다.

···· '홀로'일지라도 나아가는 삶

:: 혼자서도 당당하게

또한 맹자는 자신에 대한 자신감이 있었기에 군주 앞에서도 위축되지 않고 센 발언을 이어 갈 수 있었다. 그는 자신의 존재 근거를 하늘에서 찾았다. 자신이 중용되지 않은 까닭을 맹자는 하늘이 천하를 평화롭게 다스리고자 하지 않기 때문이라고 여겼다. 하여 그는 하늘이 "만약 천하를 평화롭게 다스리고자 한다면 지금 세상에 나를 제외하고는 누가 있겠는가?"[20]라며 일갈했다. 하늘 아래 나밖에 없다는 자신감의 표출이었다. 이러한 자신감은 당당함으로 이어졌다. 자신을 돌이켜 꿀릴 일이 없기 때문이다. 그는 이를 화살 쏘기에 비유했다.

어짊이란 화살 쏘는 것과 같다. 화살을 쏠 때는 자기를 바로잡은 후에 화살을 쏜다. 쏘아서 과녁 한가운데를 맞히지 못해도 자기보다 나은 사람을 원망하지 않고 돌이켜 자신에게서 그 원인을 찾을 뿐이다.

仁者如射, 射者正己而後發, 發而不中, 不怨勝己者, 反求諸己而已矣.

_「공손추 상」

여기서 어짊은 도덕을 대변한다. 그리고 자신을 돌이켜 봄은 '자신을 바로잡음', '자신에게서 원인을 찾음'이라는 행위를 발판으로 수행된다. 맹자는 어짊이 어질지 못함을 이김은 마치 물이 불을 이김과 같다고 보았다. 도덕이 결국에는 승리하리라고 확신한 것이다. 그러한 도덕은 자신을 돌이켜 봄으로써 갖추어진다. 그렇게 스스로를 돌이켜 보아 당당하면 타인에 대해서도 당당하게 된다. 도덕의 구비가 당당함의 원천이었음이다. 맹자가 "자신을 돌이켜 보아 곧으면 수많은 병사가 있더라도 나아갈 수 있다"[21]라고 확언한 까닭이다. 그가 군주가 불러도 그것이 예의에 어긋난 것이면 응하지 않았던 것도 자신을 돌이켜 떳떳했기 때문이다. 수레 몇십 대와 몇백 명의 시종을 뒤따르게 하며 제후들에게 얻어먹고 살아도 아무 문제없다고 본 것도 자신에게 떳떳했기 때문이다. 또한 맹자는 자신에게서 원인을 찾아 자신을 바로잡으면 자신을 신뢰할 수 있게 된다고 보았다. 반면에 이렇게 당당하지 못하면 결과적으로 스스로를 낮잡아보게 되어 개인이든, 대부가 다스리는 고을이든, 제후가 다스리는 나라든 간에 스스로 멸망의 길을 먼저 걷게 된다고 하였다.

무릇 사람은 반드시 먼저 자신을 깔본 후에 다른 사람이 그를 깔보게 된다. 대부가 다스리는 고을은 반드시 자기 고을을 먼저 훼손한 뒤에 다른 사람이 그 고을을 파괴한다. 제후가 다스리는 나라는 반드시 자기 나라를 스스로 공격한 뒤에 다른 사람이 그 나라를 정벌한다. 『서경』 「태갑」 편에는 '하늘이 만든 재앙은 그래도 피할 수 있지만, 스스로 만든 재앙에서는 살아날 수가 없다'고 하였는데 이를 말함이다.

夫人必自侮, 然後人侮之, 家必自毀, 而後人毀之, 國必自伐, 而後人伐之.
太甲曰, "天作孼, 猶可違, 自作孼, 不可活." 此之謂也.

_「이루 상」

그렇기에 맹자는 "자신을 해치는 사람은 더불어 말할 수 없고 자신을 포기하는 사람은 더불어 어떤 일을 할 수가 없다"[22]고 잘라 말했다. 자신을 돌이켜 당당한 자만이 이러한 자포자기의 길에서 벗어나 혼자서도 당당하게 그 누구라도, 그 어떤 상황이라도 대처해 갈 수 있다는 것이다.

군자로서의 강한 자존감도 이러한 당당함 구비의 한 토대였다. 도덕을 바탕으로 하고 있기에 강한 자존감을 지닐 수 있었고, 이것이 당당함의 한 바탕이 되었다.

공손추가 여쭈었다. "『시경』에서는 '아무 하는 일이 없으면 밥을 먹지 아니한다'고 했습니다. 군자는 농사를 짓지 않는데 밥을 먹고 있으니 어찌된 일인지요." 맹자가 말했다. "군자가 이 나라에서 지냄에 임금이 그를 등용하면 백성이 안정되고 부유해지며 임금이 존중되고 나라가 번영한다. 그 나라의 젊은이들이 그를 따르면 효도하고 공손하며 성실하고 미더워진다. '아무 하는 일이 없으면 밥을 먹지 아니한다'고는 하나 이보다 더 큰 것이 무엇이 있겠는가?"

公孫丑曰, "詩曰, '不素餐兮, 君子之不耕而食', 何也." 孟子曰, "君子居
是國也, 其君用之則安富尊榮, 其子弟從之則孝弟忠信, 不素餐兮, 孰大
於是."

_「진심 상」

군자는 등용되면, 다시 말해 군자가 공직을 맡아 공무를 수
행하게 되면 이처럼 정치와 도덕의 두 차원에서 나라 전체를
부강게 하고 백성의 삶을 안정되게 하며, 젊은이들이 도덕적으
로 제고되게 하는 큰일을 하게 된다. 따라서 등용되지 않고 있
더라도, 곧 일을 하고 있지 않더라도 자존감이 결코 줄어들지
않게 된다. 맹자의 증언에 의하면 군자는 등용되든 그렇지 않
든 늘 "뜻을 고상하게 하는 일", 그러니까 "인의를 행하고" 있
기 때문이다. 더구나 군자는 "불기(不器)", 곧 고정된 그릇이 아
니다. 맹자는 순을 여러 차원에서 이상적 인물로 제시했다. 맹
자의 증언에 따르면, 순이 요임금에게 등용되기 전 초야에서
짐승들과 섞여 살 때는 거친 밥을 먹고 들판의 채소를 따먹었
는데 마치 평생 그렇게 살 수 있을 것처럼 자연스러웠고 잘 어
울렸다고 한다. 그러다 요임금에게 중용되고 천자가 되어 채색
옷을 입고 오현금을 타며 요임금 두 딸의 시중을 받는데 본
래부터 그러했던 것처럼 자연스러웠고 잘 어울렸다고 한다. 순
은 어떠한 상황에 처해 있고 또 어떠한 직분을 수행하느냐에
따라 그때그때에 맞는 최적의 그릇이 되었던 것이다. 맹자가

보기에 순은 성인이자 뭇 군자의 표본이었다는 점에서 순이 이렇게 행했음은 군자 자존감의 한 원천이 된다. 군자는 무릇 이러한 역량을 지닌 존재이기에 그 어떤 상황에서도 당당할 수 있었음이다.

그래서 맹자는 설령 혼자일지라도 당당하게 자기가 가고자 한 길을 갈 수 있었다. 자신이 내세운 왕도정치가 가는 곳마다 쓰이지 않았을지라도 맹자는 물러서거나 좌절하지 않았다. 스스로 돌이켜 보아 떳떳했기에 누구 앞에서든 어떠한 상황에서든 당당할 수 있었다. 더구나 그의 영혼에는 하늘이 세상을 평화롭게 하고자 한다면 자신이 중용되게 했을 거라는, 달리 말해 하늘이 이 세상의 평화를 방기하였기에 자신이 중용되지 못했다는 자신감이 담겨 있었다. 그러니 설사 혼자라도 맹자는 당당하게 자신의 길을 걸을 수 있었던 것이다.

:: 할 수 없는 것, 하지 않는 것

하여 맹자에게는 중도 포기란 없었다. 그는 "그만두면 안 됨에도 그만두는 자는 어떤 일이든 다 그만두게 된다"[23]라고 경고했다. 하루는 공자의 제자가 스승님의 도를 좋아하지 않는 것은 아니지만 힘에 겹다고 공자에게 고백했다. 그러자 공자는 단호하게 반응했다. "힘겹다는 것은 도중에서 그만두는 것이다. 지금 너는 출발하기도 전에 스스로 한계를 긋고 있다."24 "힘에 겹다"는 것은 한문으로 표현하면 "역부족(力不足)"이다. 공자는 역부족이란 것은 일을 시작한 다음에 최선을 다했지만 지닌 역량이 말 그대로 부족한 상태를, 그래서 나아가고자 하는 의지가 있어도 몸이 말을 듣지 않아 그렇게 하지 못함을 말한다고 보았다. 일을 시작도 하기 전에 미리 포기하는 것을 두고 말하는 것이 아니라는 가르침이었다.

맹자는 여기에서 한 걸음 더 내디뎠다. 그만두는 것은 쉬이 습관이 되어 한 번 그만둔 것이 결국은 무슨 일이든 여차하면 그만두는 길로 이어진다며 경고했다. 물론 할 수 없는 일은 있다고 하였다. 태산을 옆에 끼고 발해를 건너는 일 같은 것은 아무리 노력해도 할 수 없는 일임이 분명하다. 맹자는 그러한 유의 일이 아니라면 이는 할 수 없는 것이 아니라 하지 않는 것이라고 보았다. 하여 하고자 하면 이루지 못할 일이란 없게 된다. 역부족일지라도 그만두지 않고 계속 전진한다는 자세다. 맹자는 그렇게 나아가다 보면 누구든지 성인이 될 수 있다고 믿었다. 그는 사람은 모두 요임금이나 순임금이 될 수 있느냐는 제자의 물음에 그렇다고 잘라 말했다. 요임금이나 순임금, 공자 같은 성인이나 나 모두 똑같은 사람이라고 몇 차례에 걸쳐 선언하기도 했다.

····· '홀로'일지라도 나아가는 삶

무릇 도란 하나일 뿐입니다. 성간이 제 경공에게 이렇게 말했습니다. "그도 장부이고 나도 장부이다. 내가 어찌 그를 두려워하겠는가?" 안연은 이렇게 말했습니다. "순은 어떤 사람이며 나는 또한 어떤 사람인가? 뜻있는 일을 하는 사람들은 또한 이와 같다." 공명의가 말했습니다. "'문왕은 나의 스승이다.' 주공이 어찌 나를 속이겠는가?"

夫道一而已矣. 成覸謂齊景公曰, "彼丈夫也, 我丈夫也, 吾何畏彼哉." 顔淵曰, "舜何人也, 予何人也, 有爲者亦若是." 公明儀曰, "'文王我師也', 周公豈欺我哉."

_ 「등문공 상」

성간의 말은 성인도 장부이고 나도 장부이니 성인을 두려워만 할 이유는 없다는 얘기다. 곧 나도 성인이 될 수 있다는 의지를 이런 식으로 표명한 것이다. 안연의 말은 뜻있는 일을 하는 사람이라면 그게 순임금이든 나든 똑같은 사람이라는 뜻이다. 공명의는 주공이, 문왕이 나의 스승이라고 고백한 후 그를 배워 자기도 성인이 되었으니 공명의 자신도 성인을 배우면 능히 성인이 될 수 있다고 말한 것이다. 맹자 보기에 이들의 말은 틀림이 전혀 없었다. 옛적의 성인이든 지금의 나이든 간에 하늘의 선한 성품을 본성으로 타고났다는 점에서는 모두가 동일하므로 나라고 해서 성인이 못 될 이유는 없었다. 누구나 타고난 선한 본성을 잘 보존하여 그 안에 단서의 형태로 들어 있는 인의예지 같은 윤리를 온전히 발현하면 그가 곧 성인이라는 주장인 셈이다.

이는 공자의 '선천적 성인관', 그러니까 성인의 자질은 태어날 때부터 타고난다는 성인관을 뒤집고 '후천적 성인관'을 제시한 것이다. 공자는 태어날 때 이미 천리를 다 알고 태어나는 이가 있다면서 이를 성인으로 보았다. 이에 비해 맹자는 누구든 후천적 노력을 통해 성인이 될 수 있다고 보았던 것이다. 그러니 설령 세상이 나를 받아들여 주지 않아도 무어 상관할 일이 있겠는가? 혼자서라도 당당하게 중도에 그만두지 않고 나아간다면 성인이 될 수 있으니, 성인이 되어 인류가 생존하는 한 지속될 역사라는 무대에 크나큰 자취를 남기는 삶을 영위한다면 충분히 유의미하지 않겠는가? 성인이 되어 나의 이름이 역사가 존속되는 한 끊임없이 언급되는 삶의 방식은 맹자에게 여의치 않은 삶을 이겨 내고 자기 뜻을 꺾지 않고 당당하게 드러내는 삶을 살게 한 끊이지 않는 동력이었다.

···· '홀로'일지라도 나아가는 삶

제2부

흔들리지 않는 삶

말,
글을 파악하기

말이 씨앗이 된다는 말처럼 말은 무언가를 만들어 낸다. 말에 담긴 내용의 사실 여부와 무관하게 말은 무언가를 믿게 하거나 하게 만든다는 얘기다. 그래서 말은 군주이든 평민이든 간에 항상 경계해야 한다. 근거 없는 말을 믿는다거나 그것으로 인해 움직이게 된다면 이는 말의 노예가 된 것이다. '나'가 말을 하고 듣는 것임에도 내가 말의 주인이 아니라 말의 노예가 된 셈이다. 이러한 일이 생기지 않기 위해서라도 말을 온전히 알 수 있어야 한다.

:: 말을 아는 것이 나의 힘

　　　　　　맹자는 "선생님의 장점은 무엇입니

까?"라는 제자의 질문에 호연지기를 잘 기른다는 것과 지언(知言), 그러니까 말을 안다는 점을 들었다. 그러고는 말을 안다는 것은 무엇이냐는 연이은 질문에 다음과 같이 대답했다.

치우친 말을 통해서는 그가 숨기는 바를 알아내고, 과도한 언사를 통해서는 그가 아첨하는 바를 알아낸다. 사악한 말을 통해서는 그가 일탈하고 있는 바를 알아내고 감추려는 말을 통해서는 그가 곤궁해하는 바를 알아낸다.

詖辭知其所蔽, 淫辭知其所陷, 邪辭知其所離, 遁辭知其所窮.

_「공손추 상」

맹자는 말에는 두 층위가 있다고 보았다. 표층과 심층이 그 것이다. 따라서 말의 뜻도 적어도 두 가지가 있게 된다. 하나는 글의 표층, 곧 문면의 뜻이고, 또 하나는 문면의 심층에 가라앉아 있는, 달리 말해 행간에 스며들어 있는 뜻이다. 지언은 바로 말의 심층에, 곧 행간에 담겨 있는 뜻을 파악하는 능력이다. 그런데 이는 말하는 이의 마음을 파악하는 일이다. 옛사람들은 말은 마음에 있는 뜻이 입을 통해 언어문자로 드러난 것이라고 여겼다. 따라서 말의 심층을 아는 일은 자연스럽게 말한 이의 마음을 아는 일과 등치되었다. 그런데 맹자는 왜 지언을 자신의 대표적 장점 두 가지 중 하나로 꼽았던 것일까?

맹자의 시대는 말의 시대라고 해도 과언이 아니었다. 그렇다 보니 지언은 이러한 시대를 살아가는 데 더없이 필요한 역량으로 꼽혔다. 이 시절, 말이 얼마나 극성을 구가했는지는 '전국시대=유세의 전성시대', '전국시대=담론의 시대', '전국시대=논리의 시대'와 같은 표현을 보면 잘 알 수 있다. 당시는 지식인들이 자신의 경세 방책을 들고 이 나라 저 나라를 전전하며 위정자를 설득하던 시대였다. 훗날 종횡가라는 이름이 붙었던 이들이 한둘이 아니었다. 그렇다 보니 그들 사이에 경쟁이 치열하게 전개될 수밖에 없었고, 그들은 저마다 말솜씨를 열심히 갈고 닦을 수밖에 없었다. 종횡가의 종횡이 이들이 천하를 종횡한 데서 비롯된 것이기도 하지만, 말을 종으로 횡으로 막힘없이 한 데서도 비롯되었음이 이를 잘 말해 준다. 또한 이때는 말만으로 경쟁하던 시절도 아니었다. 제자백가라는 표현이 말해 주듯이 이 시절에는 다양한 담론이 쏟아져 서로 치열한 각축을 벌였다. 말이 발달할 수밖에 없었던 또 하나의 중요한 계기였다. 한편 맹자의 시대는 명가의 전성기이기도 했다. '동양의 소피스트'라고도 불리는 이들은 고도의 사변성을 갖춘 논리학 전문가들로 말의 쓰임새를 더 넓고 깊게 그리고 높게 갈고 닦았다.

문제는 이렇게 닦여진 말이 곧잘 악용되었다는 점이다. 이를테면 이러한 식이었다. 『여씨춘추』에 실려 있는 징자라는 이의 일화다.

그는 전국시대 사람으로, 하루는 입고 있던 검은 옷을 길에서 잃어버렸다. 이에 오던 길을 되짚어 옷을 찾아 나섰다. 그때 검은 옷을 입은 여인이 그의 눈에 띄었다. 징자는 그 여인에게 다가가 다짜고짜 그녀의 옷을 벗겨 가져가려 했다. 화들짝 놀란 여인이 옷을 꼭 쥐고 놓지 않자 그는 당당하게 말했다. "좀 전에 내가 검은 옷을 잃어버렸소." 그러자 여인이 대답했다. "나리께서는 나리의 검은 옷을 잃어버리셨나 봅니다. 하지만 이 옷은 제가 직접 지어 입고 나온 것입니다." 순간 징자는 사뭇 의아하다는 표정을 지었다. 그러곤 여인을 을러 댔다. "얼른 옷을 내게 주는 것이 이득일게요. 내가 잃어버린 옷은 두 겹짜리인데 지금 그대 옷은 홑겹이오. 홑겹 옷으로 두 겹 옷과 맞바꾸는 것이니 그대가 남는 장사 아니겠소?"

논리라고는 하나도 서지 않는, 말 그대로 적반하장의 행패다. 그럴듯한 말로 사태를 호도하여 자기 이익을 취하려는 욕망만이 횡행한다. 그러함에도 교묘한 말은 권력이나 재력, 완력 같은 힘과 결합하여 갖은 부조리와 도덕적, 법적 일탈을 조장하였다. 권세가들이 온갖 감언이설로 군주의 눈과 귀를 막고 사리사욕을 탐했듯이 말이다.

흰말은 말이 아니라는 유의 궤변도 성행했다. 흰말은 '희다'라는 범주와 '말'이라는 범주, 이렇게 두 개의 범주로 이루어져 있다. 이에 비해 말은 말이라는 범주 하나로 이루어진 것이므로 그 둘은 같을 수 없다는 논리였다. 이는 단지 언어의 유희에 그치지 않았다. 전하는 바에 따르면 이 말을 한 대표적 명가인 공손룡자는 국법에 말의 밀수를 금지한다고 되어 있지 흰말의 밀수를 금지한다고 되어 있지 않다면서 흰말을 버젓이 밀수했다고 한다. 말을 교묘하게 꾸밈으로써 이렇듯 저마다 더 큰 이익을 보자고 하였다. 그러니 말에 대한 분석이 시대 풍조가 될 수밖에 없었다. 전국시대 인물인 한비자의 분석을 들어 보자.

말이 술술 이어지고 매끄러우며 풍부하고 줄줄 이어지면 겉만 화려하고 내실이 없는 것처럼 보입니다. 지나치게 정중하고 삼가며 딱딱하고 과하게 신중하면 서투르고 조리가 없어 보입니다. 많은 말을 하고 장황하며 비슷한 사례를 잇대고 사물을 늘어놓으면 공허할 뿐 실제로는 쓸모없이 보입니다. 핵심만을 간추리고 대강만을 말하며 직설적이고 짧게 짧게 거두절미하여 말하면 변별할 줄 모른다고 보입니다. 거칠고 급하게 다가서서 남의 속마음을 깊이 아는 듯이 말하면 주제넘고 염치를 모르는 것으로 보입니다. 말이 스케일이 크고 넓디넓으며 오묘하고 심원하면 과장되기만 하고 쓸모없게 보입니다. 소소하게 따지고 자잘하게 말하며 세세하게 갖추어 말하면 융통성이 없어 보입니다. 세속에 가깝고 거스르지 않게 말하면 목숨을 아끼며 아첨하는 것으로 보입니다. 말이 세속을 멀리하고 유별난 말재간으로 세상 이목을 끌면 허황되다고 보입니다. 기민하게 말주변을 부리며 번다하게 수식을 가하면 현학적으로 보입니다. 일부러 학식을 드러내지 않고 있는 그대로만으로 얘기하면 비루하다고 보입니다. 수시로 고전의 구절을 들먹거리며

지나간 옛것을 진리로 본받게 되면 그저 외워서 말할 따름이라고 보입니다.

言順比滑澤, 洋洋纚纚然, 則見以爲華而不實. 敦祗恭厚, 鯁固愼完, 則見以爲掘而不倫. 多言繁稱, 連類比物, 則見以爲虛而無用. 總微說約, 徑省而不飾, 則見以爲劌而不辯. 激急親近, 探知人情, 則見以爲譖而不讓. 閎大廣博, 妙遠不測, 則見以爲夸而無用. 家計小談, 以具數言, 則見以爲陋. 言而近世, 辭不悖逆, 則見以爲貪生而諛上. 言而遠俗, 詭躁人間, 則見以爲誕. 捷敏辯給, 繁於文采, 則見以爲史. 殊釋文學, 以質信言, 則見以爲鄙. 時稱詩書, 道法往古, 則見以爲誦.

_『한비자』「난언」

한비자가 군주에게 상대의 말을 가려들을 줄 알아야 한다며 올린 간언이다. 맹자의 시대, 말솜씨는 이러한 분석이 일상화될 정도로 고도로 발달해 있었다. 공자는 일찍이 말주변으로 일시를 풍미했던 축타 같은 말솜씨가 없으면 오늘 같은 세상에서 어려움을 면키 힘들 것이라고 탄식했다. 이는 맹자의 시대에도 고스란히 적용되는 탄식이었다. 그러니 말을 아는 역량은 공자의 시대나 맹자의 시대 할 것 없이 유용하기 그지없는 쏠쏠한 경쟁력이었던 셈이다.

···· 흔들리지 않는 삶

:: 독법과 인간의 품격

　　　　　　　말을 잘 안다고 함은 글도 잘 읽어
낸다는 뜻이다. 맹자는 말뿐 아니라 글에서도 발군의 장점을
지니고 있었다. 실제로 『맹자』 여기저기에서는 『시경』의 시를
섬세하고도 깊이 있게 읽어 내는 맹자의 모습을 목도할 수 있
다. 요즘으로 치면 문학평론가의 면모가 잘 드러나 있다고도
할 수 있는 대목이다.

　게다가 맹자는 사상 최초로 글을 읽어 내는 법, 그러니까
독법을 제시한 인물이기도 했다. 글쓴이를 따져 보고 그가 살
았던 시대를 논구해 본다는 뜻의 '지인논세(知人論世)'라는 독
법과 읽는 이의 마음으로 지은 이의 마음을 맞이해야 한다는
뜻의 '이의역지(以意逆志)'라는 독법이 그것이다.

　　『시경』의 시를 해석할 때면 문자로 언사를 해치면 안 되고, 언사로 지
　　은 이의 뜻을 해쳐서는 안 된다. 읽는 이의 마음으로 지은 이의 마음을
　　맞이해야 비로소 지은 이의 참뜻을 이해하게 된다. 만약 언사로만 해
　　석한다면, 이를테면 『시경』 「운한」 편의 "주나라의 백성이 하나도 남아
　　있지 않다"는 구절을 곧이곧대로 믿는다면, 주나라에 남아 있는 백성
　　은 하나도 없게 된다.

　　說詩者, 不以文害辭, 不以辭害志. 以意逆志, 是爲得之. 如以辭而已矣, 雲

漢之詩曰 '周餘黎民, 靡有孑遺.' 信斯言也, 是周無遺民也.

_「만장 상」

　문자로 언사를 해치면 안 된다는 것은 글자나 단어의 뜻에 집착해서 문장 전체의 뜻을 잘못 파악해서는 안 된다는 뜻이다. 언사로 지은 이의 뜻을 해쳐서는 안 된다는 것은 문면의 뜻에 집착하느라 지은 이가 진정으로 말하고자 한 바를 놓쳐서는 안 된다는 것이다. 곧 심층의 뜻을 읽어 낼 줄 알아야 한다는 얘기다. 문면의 뜻을 고수하기만 하면 이를테면 『시경』「운한」 시에서 "주나라의 백성이 하나도 남아 있지 않다"고 했으니 실제로 주나라 백성은 하나도 남아 있지 말아야 한다. 그런데 맹자가 살던 시대는 왕조를 기준으로 하면 엄연히 주나라 시대다. 「운한」 시에서 읊은 것처럼 주나라에 남은 백성이 하나도 없다면 맹자를 비롯하여 전 중국에서는 백성이 하나도 존재하지 않았어야 하니, 이를 곧이곧대로 해석하면 안 된다는 얘기다. 이 시구는 주나라에 가뭄이 몹시 심하여 주나라 백성이 하나도 남아 있지 않을 것 같다는 심정을 노래하는 대목에서 나온 것이다. 과장법을 사용해서 가뭄의 극심함을 표현하고자 했던 지은 이의 깊은 뜻을 문면의 언사에 집착하느라 놓쳐서는 안 된다는 것이다. 『시경』 같은 시 텍스트만 그렇게 읽어야 한다는 주장은 아니었다. 상고시대인 하나라와 상나라, 주나라의 역사가 실려 있는 『서경』을 두고서도 맹자는 『서경』에 기술된 바를 곧이곧대로 다 믿는 건 차라리 『서경』이 없는 것보다 못하다고 잘라 말했다. 맹자 자신도 가령 『서경』의 한 장인 「무성」편 같은 경우는 기술된 내용 중에 일부만을 믿을 따름이라고 고백했다. 책에 씌어졌다고 하여, 경전처럼 권위 있는 책 내용이라고 하여 무비판적으로 믿는 태도를 경계했음이다.

이의역지의 독법이 글의 참뜻을 파악하기 위한 독법이라면 지인논세의 독법은 글을 한층 풍요롭게 읽어 내기 위한 독법이다. 맹자는 우정론을 펼치는 대목에서 지인논세라는 독법을 언급하였다.

한 고을에서 뛰어난 이는 고을급에서 뛰어난 이를 벗 삼는다. 한 나라에서 뛰어난 이는 나라급에서 뛰어난 이를 벗 삼는다. 천하에서 뛰어난 이는 천하급에서 뛰어난 이를 벗 삼는다. 이것으로도 부족하게 되면 위로 옛사람을 논구해 본다. 그의 시를 읊조리고 그의 글을 읽음에도 그 사람을 모른다는 것이 가능하겠는가? 그래서 그 시대를 논하는 것이니 이것이 거슬러 올라가 옛사람을 벗 삼는다는 것이다.

一鄉之善士, 斯友一鄉之善士. 一國之善士, 斯友一國之善士. 天下之善士, 斯友天下之善士. 以友天下之善士, 爲未足, 又尙論古之人. 頌其詩, 讀其書, 不知其人, 可乎. 是以, 論其世也, 是尙友也.

_「만장 하」

맹자는 물론 옛사람들은 글은 비유컨대 글쓴이의 아바타라고 생각했다. 글에는 그 글을 쓴 사람이 고스란히 드러난다고, 글이 곧 그 사람이라고 여겼다는 뜻이다. 그래서 맹자의 글이 담겨 있는 책의 이름이 '맹자'이고 노자의 글이 담긴 책의 이름이 '노자'이며, 또 장자나 묵자, 순자, 한비자 등의 글이 담긴 책의 이름이 각각 '장자', '묵자', '순자', '한비자'였다. 심지어 "시품출어인품(詩品出於人品)", 그러니까 "시의 품격은 곧 사람의 품격에서 비롯된다"라고 하여 사람됨의 품격이 글의 품격으로 고스란히 나타난다고 굳게 믿었다. 이러한 관점에 따르면 역으로 글을 읽으면 그 사람을 알 수 있게 된다. 그래서 맹자는 지금은 고인이 된 옛사람이라 할지라도 그가 남긴 시나 글을 읽으면 그 사람을 능히 알 수 있게 된다고 보았다. 더구나 그 사람이 살았던 시대를 공부하면 더욱 정확하게 그 사람을 알게되어 직접 대면하지 않아도 능히 벗으로 삼을 수 있게 된다고 여겼다. 일찍이 공자가 "이문회우(以文會友)", 그러니까 글로 벗을 삼는다고 했듯이 글을 통해 고인과도 너끈히 벗할 수 있었음이다.

이러한 관점의 근저에는 글쓴이의 시대를 연구하고 글쓴이에 대해 따져 보면 볼수록 그가 쓴 글을 한층 정확하고도 풍요롭게 읽어 낼 수 있게 된다는 관념이 자리 잡고 있다. 서구 문학이론에서는 이를 역사전기비평이라고도 하는데, 글은 그 글이 태어난 시대와 글쓴이의 개인사적 배경과 연관 지어 그 뜻

.... 흔들리지 않는 삶

을 읽어 내야 한다는 관점이다. 맹자는 글에 대한 이러한 관점을 서구보다 천수백여 년 앞서 선취했던 것이다. 그런데 여기서 짚어 볼 바가 있다. 맹자는 왜 글을 이렇게 잘 읽어 낼 줄 알아야 한다고 얘기한 것일까라는 물음이 그것이다.

:: 변화와 전환의 한복판에서

맹자가 살았던 전국시대는 그 직전의 춘추시대와 함께 문명 패러다임이 숨 가쁘게 전환되던 시절이었다. 바로 구두전승 문명 패러다임이 문자전승 문명 패러다임으로 전환되는 시점이었다. 그런데 문명 패러다임의 전환은 하루아침에 일어나지 않는다. 적어도 수백 년에 걸쳐 일어난다. 하여 그 기간 동안은 실은 기존 문명 패러다임과 신흥 문명 패러다임이 주도권을 놓고 경쟁하고 길항하는 시간이라고 할 수 있다. 춘추전국시대가 딱 그러했다. 말을 기반으로 하는 문명과 글을 기반으로 하는 문명이 주도권을 놓고 치열하게 부딪히던 시절이었다. 지금 우리는 문자전승 시대에 살고 있다. 우리에게 익숙하고 당연하다고 판단되는 것 중 많은 것이 실은 문자전승 문명 패러다임 쪽에서 봤을 때 그러하지 구두전승 문명 패러다임 쪽에서 보면 그러하지 않을 수도 있다. 가령 지금 우리는 말과 글 중에서 당연하게 글에 더 큰 신뢰를 보낸다. 아무게가 한 말과 책에 실려 있는 글 중 후자를 전자보다 당연한 듯이 더 신뢰한다. 아무리 존경하는 선생님일지라도 선생님이 내리신 정의와 사전에 실려 있는 정의가 다르면 사전의 정의를 더 믿는다. 그러나 이는 어디까지나 문자전승 문명 패러다임에 기초한 판단이다. 구두전승 시대에는 정반대였다. 책보다는 사람의 말이 우선되었다. 그 사람이 사회적으로 신뢰받는 이라면 더욱더 그의 말을 믿었다. 그렇다 보니 책이나 사전 같은 것이 꼭 있어야 할 이유가 없었다. 맹자가 『서경』에 기술된 바를 다 믿는 건 차라리 『서경』이 없는 것보다 못하다고 잘라 말한 이유다. 맹자는 자신이 사숙했다는 공자를 이어 문자전승 문명 패러다임보다는 구두전승 문명 패러다임을 신뢰하고 있었던 인물이기 때문이다.

물론 맹자의 시대에는 문자전승 문명 패러다임의 기세가 등등했다. 많은 수의 제자백가들이 자신이 한 말을 책에 수록하는 일이 널리 행해졌다. 맹자도 사마천의 증언에 따르면 말년에 제자 만장 등과 함께 자신이 해 온 말을 책으로 묶었고, 이것이 지금 우리가 보고 있는 『맹자』다. 그렇다고 구두전승 문명 패러다임의 힘이 약했던 것은 결코 아니다. 당시가 유세의 시대였다는 점만 봐도 이를 익히 알 수 있다. 당시 경세의 방략은 군주나 권세가와 대면하여 말로 펼쳐 냈지 이를 글로 써서 군주나 권세가에게 올리는 방식으로 그들을 설득하고자 했던 이들은 없었다. 이러한 사례는 말의 힘이 글의 힘을 능가하면

했지 그보다 덜했다고 볼 수 없는 증거다. 객관적으로 봐도 아직은 종이가 발명되기 전이고 인쇄술 같은 것이 전혀 존재하지 않았던 시기이므로 문자전승이 문명의 주류 자리를 꿰차기에는 한계가 더 많았다. 그러함에도 글에 주목하지 않을 수 없었다. 적지 않은 양의 책이 출현하고 있었고, 말솜씨의 발전만큼이나 글솜씨도 비약적 발전을 이룩해 내고 있었다.

　게다가 책을 짓는 방식에 일대 혁신이 일어났다. 그전까지는 평소에 하던 말을 기억하고 있다가 말년에 정리해서 편찬한다거나 사후에 제자들이 기억하고 있던 스승의 말씀을 정리해 편찬하는 식이었다. 공자의 어록인 『논어』가 바로 대표적 예다. 그러나 맹자의 시대에 들어서는 책을 사전에 기획하여 집필, 편찬하는 방식이 등장했다. 맹자보다 후배인 순자가 펴낸 『순자』는 그러한 방식을 전면적으로 도입하여 방대한 내용을 체계적으로 다룬 최초의 책이었다. 순자는 책을 쓰기 전에 어떤 내용으로 책을 쓸 것인지를 먼저 생각했고, 각각의 내용을 어떻게 나누어 개진할 것인지를 설계하였다. 각 장의 주제도 먼저 잡았고, 해당 주제를 장 제목으로 다는 사상 최초의 시도를 선보였다. 이는 지식을 어떻게 조직하여 제시할 것인가라는 차원에서 미증유의 획기적 사건이었다. 맹자까지만 해도 지식은 일상의 여러 계기로 인해 즉흥적으로 제시되는 것이었다. 그래서 『맹자』에 실려 있는 지식은 예컨대 일상생활의 구체적 맥락에서 주고받은 대화에 담겨 있거나 평소 생각이 아포리즘처럼 툭

툭 던져져 있다. 반면에 『순자』는 순자의 생각이 '논술'되어 있다. 글은 말과 달리 건축물을 짓듯이 논리를 공간적으로 구축해 가는 것이 가능하다. 이는 맹자가 말에 근거하여 지식을 펼쳐 냈다면 순자는 글에 근거하여 지식을 펼쳐 냈기에 나타난 차이로, 순자는 자신의 사유를 마치 건물 짓듯이 구조를 갖춰 가면서 펼쳐 냈던 것이다.

맹자가 말을 잘 안다고 자신하고 글을 잘 읽어 내야 한다며 문학평론가 같은 면모를 내보이고 텍스트 독법을 제시한 것은 구두전승 문명 패러다임과 문자전승 문명 패러다임이 한창 길항을 벌이던 시절에 그 둘 모두를 장악할 줄 알아야 한다는 태도의 발현이었다. 물론 자신은 구두전승 쪽에 방점을 두고 있었지만, 그렇다고 엄연히 존재하는 문자전승이라는 흐름을 도외시하는 것은 지식인으로서 바른 태도가 아니라고 여겼음이다. 저 옛날이나 지금이나, 또 중국이든 한국이든 할 것 없이 세상을 살아가기 위해서는 나에게 익숙하거나 당연한 것, 옳다고 여겨지는 것에만 치중하면 안 됨을, 그와는 반대되는 것들에 관해서 익히 밝아야 함을 맹자가 2천여 년 전에 밝히 일러 주었음이다.

변화
읽어 내기

맹자의 말은 항상 힘차다. 당당하고 기세 넘친다. 자신이 하는 말에 자신감이 없다면 늘 이러하기는 어렵다. 맹자는 자신의 말이 늘 옳다고 자신했음이다. 그런데 그는 자신의 말이 보편적으로 옳다는 것을 어떻게 입증했을까? 당시는 제자백가의 시대였다. 백화제방, 그러니까 "온갖 꽃이 만발했다"는 표현으로 비유되듯이 다채로운 사상이 출현하여 서로 각축하던 시대였다. 동일한 사안일지라도 사뭇 다르게 바라보고 평가하던 시대였다. 이러한 상황에서 내 주장이 보편적으로 옳다는 주장을 무엇을 근거로 할 수 있었을까?

:: 문명의 보존과 갱신

맹자는『시경』이나『서경』을 주로 활용하였다. 그러니까 자신의 주장을 개진한 다음『시경』이나『서경』의 구절을 가져와 자신이 얘기한 바의 진위를 증명하거나 자기가 펼쳐 낸 담론의 근거로 삼기도 했다. 경전을 자신이 한 말을 옹호하는 객관적 근거로 즐겨 활용했던 것이다. 이는 중세 유럽에서『성경』구절을 들어 자기주장을 정당화하는 것과 동일한 방식이다.『시경』,『서경』등의 경전이 실은 유가만의 경전이 아니라 묵가나 법가 등 다른 유파의 사상가들도 공유하던 앎에 관한 공통의 전범이었기에 가능한 방식이었다.

맹자가『시경』과『서경』을 존숭했던 까닭은 그 안에 유가에서 내세우는 성인의 도가 오롯이 실려 있었기 때문이다. 중국은 바로 그러한 성인들이 있어서 주변의 이민족들과는 달리 높은 수준의 문명을 구현하며 지속될 수 있었다.『시경』과『서경』을 자꾸 언급함으로써 이들을 널리 보급하고 그 가치를 높이 추켜세워야 하는 이유였다. 그런데 현실은 이와는 정반대였다. 맹자 보기에 요임금, 순임금, 우임금, 탕왕, 문왕, 무왕, 주공, 공자로 이어지는 성인의 도가 쇠미해지고 있었고 배척되고 있었다.

천하의 언설이 양주에게로 돌아가지 않으면 곧 묵자에게로 돌아간다.

양주의 극단적으로 나를 위한다는 학설은 군주를 부정한 것이고, 묵자의 더불어 사랑한다는 학설은 부모를 부정한 것이다. 부모도 없고 군주도 없는 것이 바로 금수이다. … 양주와 묵자의 도가 끊기지 않으면 공자의 도가 드러나지 않으니 이는 사악한 언설로 백성을 속이는 것이요 인의를 꽉 막는 것으로 곧 금수를 이끌어 사람을 먹게 하는 것이다. 나는 이 점을 걱정하여 성인의 도를 수호하고 양주와 묵적의 학설을 막아 방탕한 말을 몰아내고 사악한 학설이 나오지 못하게 하려 한다. 그러한 학설이 마음에서 일어나면 하는 일에 해가 되며 하는 일에서 생겨나면 정사에 해가 되니 성인이 다시 태어난다고 하여도 내 말을 수정하지 않으실 것이다. 옛적 우임금이 홍수를 다스리자 천하가 평온하였고, 주공이 이적을 정벌하고 맹수를 몰아내자 백성이 안녕했으며, 공자가 『춘추』를 완성하자 난신적자들이 두려워 떨었다.

天下之言, 不歸楊, 則歸墨. 楊氏爲我, 是無君也. 墨氏兼愛, 是無父也. 無父無君, 是禽獸也. … 楊墨之道不息, 孔子之道不著, 是邪說誣民, 充塞仁義也. 仁義充塞, 則率獸食人, 人將相食. 吾爲此懼, 閑先聖之道, 距楊墨, 放淫辭, 邪說者不得作. 作於其心, 害於其事, 作於其事, 害於其政. 聖人復起, 不易吾言矣. 昔者禹抑洪水而天下平, 周公兼夷狄驅猛獸而百姓寧, 孔子成春秋而亂臣賊子懼.

_「등문공 하」

맹자에게는 안타까운 일이었겠지만 맹자 당시 맹자의 학

설은 물론이고 공자로 대변되는 유가의 학설은 하급관리가 되고자 하는 이들에게는 꽤 환영받았지만, 그렇지 않은 이들에게는 인기가 그다지 높지 않았다. 대중들은 양주라는 학자의 '위아주의(爲我主義)'와 묵자의 '겸애설(兼愛說)'에 흠뻑 취해 있었다. 위아주의는 극단적 이기주의라고도 하는, 머리카락 한 올 뽑아서 남을 이롭게 한다고 해도 그리하지 않겠다는 태도다. 양주는 세상 혼란의 주원인은 말로는 남을 위한다고 하지만 실상은 자기 이익을 취하는 위정자들의 이율배반적 태도라고 보았다. 따라서 자기희생을 감수하고서라도 남을 돕겠다는 식의 위선적 태도를 취하지 않으면 세상은 태평해진다고 여겼다. 겸애설은 피붙이라고 하여 다른 사람보다 더 사랑하지 말고 모든 이를 공평하게 더불어 사랑하자는 사유다. 특히 묵자는 소규모 공동체를 이루어서 그 안에서 서로 돕고 나누면서 평등하고 평화롭게 살자는 지향을 갖고 있었다. 맹자가 전쟁은 다름 아닌 사람 고기를 땅에다 먹이는 것과 진배없다며 절규했듯이, 당시 전쟁은 워낙 참혹했고 대형화되었으며 일상화되어 있었다. 그러니 힘없는 이들일수록 양주나 묵자의 학설에 끌릴 수밖에 없었다. 맹자가 천하의 언설이 양주 아니면 묵자에게로 돌아간다고 탄식한 까닭이다. 맹자는 이러한 상황을 위기로 파악했다. 천 년도 훨씬 더 된 저 옛날부터 중국을 사방의 소위 '오랑캐'로부터 지켜 올 수 있었던 이유는 성인들이 거듭 나와 도를 밝혔기 때문인데 그 도가 가려지고 있다고 판단하였기 때문이다.

.... 흔들리지 않는 삶

하여 맹자는 성인의 도가 끊이지 않도록 성인의 도를 밝히는 역할을 자임했다. 그 방도는 성인의 말을 세상에 전파하고 후세에 전하는 것이었다. 공자가 『춘추』를 완성함으로써 중국을, 그러니까 중화라는 문명을 보존하고 갱신해 갔듯이 맹자 자신도 중화의 보존과 갱신을 위하여 끊임없이 성인의 도를 가르치고 전파했으며 말년에는 『시경』과 『서경』을 해설하고 자신의 언설을 모아 『맹자』를 저술했다. 이를 위해 맹자는 책을 짓는 행위에 우임금이 치수를 통해 천하를 구제하고 주공이 이적 정벌과 맹수 축출, 곧 문명화를 통해 천하를 태평케 한 것과 동일한 비중과 의의를 부여했다. 곧 성인의 말을 세상에 전파하고 후세에 남기는 것에 문명의 보존과 갱신이라는 높은 가치를 부여한 것이다. 맹자가 "왕자의 자취가 끊기자 『시경』이 지어지지 않았다. 『시경』이 지어지지 않은 후에 『춘추』가 지어졌다. 진나라의 『승』과 초나라의 『도올』과 노나라의 『춘추』는 한가지이다"[25]라며 텍스트의 계보를 정리한 것도 이러한 인식의 소산이었다. 왕자, 그러니까 성인이 세상에 출현했을 때에는 시가 계속 지어져 『시경』에 담김으로써 성인의 도와 사적이 온전히 후세로 전해졌는데 성인이 나오지 않자 더는 시가 지어지지 않았다. 그러자 공자가 이를 우려하여 『춘추』를 지었고, 그 후로도 성인이 나오지 않자 성인의 도가 끊길 것을 우려한 이들이 『승』이나 『도올』 같은 역사서를 엮어 성인의 도를 보존하려 했다는 것이다. 이처럼 맹자는 텍스트를 중화 보존의 핵심 수단으로 보았던 것이다.

이는 맹자 스스로 설정한, 도덕을 기반으로 한 중국의 큰 통일이라는 과업 수행과도 밀접하게 연관되어 있었다. 단적으로 맹자는 성인의 도가 담긴 텍스트를 기반으로 이리저리 나뉜 채로 극한의 대결을 벌이고 있는 중국을 통일하고자 했다. 맹자 당시는 지금과 같은 의무교육 기관이라든지 라디오나 TV 같은 의사소통 매체가 없었다. 게다가 전국시대 중국의 강역은 상당히 넓었다. 그 넓은 지역에서 공통으로 사용하는 입말, 그러니까 오늘날의 표준어에 해당되는 것도 없었다. 그 넓은 지역에서 서로 다른 말을 사용했다는 얘기다. 이러한 상황에서 중국을 크게 통일한다고 하면 무엇을 토대로 통일할 것인가라는 물음이 던져질 수밖에 없다. 특히 말이 다르면 통일이라는 것은 예나 지금이나 불가능에 가깝다. 그런데 입말은 서로 달랐지만 다행히도 글말은 한자라는 동일한 문자를 사용하고 있었다. 글을 기반으로 하면 그렇게 넓은 지역에서 서로 다른 말을 사용한다고 해도 분열된 중국을 너끈히 하나로 엮어 낼 수가 있었다. 글이 넓은 강역, 상이한 자연조건, 이질적 문화 등을 가로지르면서 중국이라는 정치적, 문화적 공동체를 일구어 내는 데 초석이 될 수 있었음이다. 더구나 그 글이 성인의 도가 담겨 있는 것이라면 성인의 도를 기반으로 중국을 통일하는 과업까지도 수행해 낼 수 있게 된다. 맹자가 글, 그러니까 책에 문명을 보존하고 갱신하는 주된 매체라는 큰 의미를 부여한 까닭이다.

:: 문명의 화두 장악

곧 맹자의 눈에는『시경』이나『서경』,
『춘추』같은 책은 '문명의 텍스트'였다. 문명을 만들어 내고 유
지하며 갱신해 가는 데 관건적 역할을 수행하는 책들이었다는
것이다. 비단 맹자의 눈에만 그러했던 것은 아니다. 중국 역사
를 보면 이들 텍스트는 실제로 중국이라는 문명을 배태하고 유
지하며 갱신해 가는 데 대대로 중요한 역할을 수행해 왔다. 통
일 제국이 들어설 때면 줄곧 이들 문명의 텍스트를 대대적으로
정비하거나 재해석했던 사실이 이를 잘 말해 준다. 이들은 의
심할 바 없는 명실상부한 문명의 텍스트였다는 얘기다.

문명의 텍스트에는 '문명의 화두'라고 할 만한 것이 풍요롭
게 담겨 있다. 문명을 짓고 지탱하며 다시 빚어 가는 데 꼭 다
루어야 하는 화두들이 잔뜩 담겨 있다는 것이다.『맹자』도 그러
한 문명의 텍스트였다. 그렇다 보니 문명의 화두들이 다채롭게
실려 있다. 복수라는 화두도 그중의 하나이다.

나는 이제야 타인의 부친 살해가 큰일임을 알았다. 남의 아버지를 죽
이면 그들 또한 내 아버지를 죽이며, 남의 형제를 죽이면 그들 또한 내
형제를 죽이게 된다. 그런즉 내가 내 부형을 죽인 것이 아닐지라도 그
렇게 한 것과 별 차이가 없게 된다.

吾今而後, 知殺人親之重也. 殺人之父, 人亦殺其父, 殺人之兄, 人亦殺其

兄, 然則非自殺之也, 一間耳.

_「진심 상」

복수는 문명의 보존과 발전이란 차원에서 큰 비중을 차지하는 문명의 화두였다. "복수는 야만적 정의"라는 규정이 있듯이 복수에는 야만과 정의라는 상충하는 성향이 동시에 담겨 있다. 맹자가 통찰했듯이 복수는 끊임없는 복수의 연쇄를 유발한다. 그 결과 복수는 개인은 물론 집단과 사회를, 나아가 국가와 문명 자체를 피폐케 한다. 복수를 야만적이라고 표현한 까닭이다. 그런가 하면 복수는 정의 실현의 한 방편이다. 당한 만큼 돌려준다는 오래된 복수의 준칙, 그러니까 귀에는 귀, 눈에는 눈이라는 복수의 원칙은 정의를 실현하는 떳떳한 길이었다. 공평함을 실현하는 방도였기 때문이다. 정의 실현은 한 사회가 성장하고 성숙하는 데 꼭 필요한 바라는 점에서 복수는 문명의 보존과 발달에 긍정적으로 기여한다고 볼 수 있다. 복수를 정의라고 단정한 까닭이다.

이렇듯 복수는 문명에 대하여 양날의 칼과 같은 존재이기에 주요한 문명의 화두로 다뤄질 수밖에 없었다. 인류가 사회를 이루고 살아가는 한 이해관계의 충돌은 불가피했고 이에 분쟁이 끊이지 않았기에 복수는 저 옛날부터 사회질서 유지라는 차원에서 집중적으로 다루어질 수밖에 없었다. 중국 문화의 양대 산맥인 유가와 도가의 대표자라고 할 수 있는 공자나 노자 모두 복수에 대한 통찰을 제시한 까닭이다. 곧 공자는 『논어』에서 "곧음으로 원한을 갚아야 한다"[26]고 하였고 노자는 『노자』에서 "은덕으로 원한을 갚는다"[27]고 하였다. 공자가 말한 곧음으로 원한을 갚는다는 말은 당한 만큼 고스란히 되돌려주라는 얘기다. 언뜻 어짊, 용서 등을 중시한 공자답지 못한 언사로 보일 수도 있다. 그러나 누구보다도 의로움을 중시했던 공자였기에 받은 대로 돌려주는 것, 곧 공평함의 실현이 정의롭다고 본 것이다. 반면에 노자는 은덕으로 원한을 갚으라고 했다. 원수를 용서하는 데서 한 걸음 더 나아가 그에게 은혜를 베풀라는 뜻이다. 언뜻 공자보다 훨씬 성숙한 대응으로 보이지만 사회 차원에서는 꼭 그렇다고 볼 수는 없다. 노자처럼 자연을 닮은 삶을 산다는 지향을 품은 것이 아니라면, 곧 사회 안에서 일상을 영위하고자 한다면 원한과 은혜의 관계를 혼란케 해서는 안 된다. 하여 공자는 원한을 은혜로 되갚으면 그러면 은혜를 베푼 이에게는 무엇으로 되갚을지를 물었다. 내게 원한을 끼친 자도 은혜로 갚고 은혜를 베푼 이에게도 은혜로 갚는다는 건 공평하지 못하다는, 곧 정의롭지 못하다는 생각이었다.

맹자는 이러한 공자의 관점에서 보면 너무도 당연한 바를 언급한 것이다. 그러함에도 이 뻔한 얘기를 언급한 것은 문명을 보존하기 위해 글을 쓴다고 하면서 복수라는 문명의 화두에 대하여 아무런 언급도 안 할 수는 없었기 때문이다. 전쟁에 대해서 언급한 것도 마찬가지이다. 맹자가 보기에 전쟁은 문명의 유지와 갱신에서 일종의 필요악 같은 존재였다. 그는 이를 '의전(義戰)', 그러니까 의로운 전쟁이라는 말로 표현했다. 가령 저 옛날의 대표적 폭군 중 하나였던 주왕의 시절 같은 때는 폭군을 제거하기 위한 전쟁이 불가피했고 그건 정의로운 행위였다고 한다. 신하들이 간언과 같은 평화로운 방법으로 폭정을 바로잡고자 했지만 모두 실패한 상황에서 폭정으로 인해 도탄에 빠져 신음하는 백성을 구제하기 위해서는 결국 물리력의 동원밖에 없었다는 것이다. 도탄에 빠진 백성의 구제라는 의로움을 실현하는 방도가 전쟁밖에 없었고 이에 피치 못하여 일으킨 전쟁이었기에 그 전쟁은 의롭다고 할 수 있다는 논리다. 맹자는 모든 전쟁을 필요악이라고 본 것이 아니라, 다시 말해 전쟁에 대하여 반대하는 태도를 분명히 한 상태에서 의전이라 칭할 수 있는 전쟁만을 필요악으로 본 것이다. 평화주의자였지만, 폭정으로 인해 평화가 깨진 잘못된 현실을 구제하기 위한 폭력을 제한적으로 인정했음이다.

하여 맹자는 춘추시대 이래로 의로운 전쟁이란 없었다며 춘추전국시대에 행해진 모든 전쟁을 의롭지 않다고 단언하였다. 그가 보기에 당시에 치러졌던 전쟁은 그야말로 인간 야욕의 추악한 패악질에 불과했다.

땅을 차지하고자 전쟁을 하고는 사람을 죽여 온 들판에 가득 차게 하고, 성을 차지하고자 전쟁을 하고는 사람을 죽여 온 성에 가득 차게 한다. 이는 땅에게 사람 고기를 받친 셈이니 그 죄는 죽음으로도 용서될 수 없다.

爭地以戰, 殺人盈野, 爭城以戰, 殺人盈城. 此所謂率土地而食人肉, 罪不容於死.

_「이루 상」

다시 말하지만 맹자는 의전을 제외한 전쟁을 죄악시했다. 그는 전쟁을 잘한다고 떠벌리는 것은 죄악이라고 했고, 전쟁하기를 좋아하는 사람은 무조건 중형에 처해야 한다고 했다. 정치를 어질게 하면 인자무적이란 말처럼 천하에 적수가 없어지는데 그 길을 걷지 않고 전쟁의 힘을 빌린다는 것은 용서될 수 없다는 태도다. 아무리 땅을 더 넓히고 성을 더 차지해야 나라가 부강하게 되고 백성도 그 은택을 입을 수 있다고 하더라도 전쟁의 실상은 백성을 대량 살육하는 것에서 벗어나지 않는 만큼 결코 의롭다고 할 수 없다는 것이다. 그가 백성에게 왜 싸우는지 일러주지 않고 전쟁에 동원하는 것은 백성을 재앙에 빠뜨리는 것에 다름없다고 한 이유도 전쟁으로 인한 폐해가 너무나 컸기 때문이다. 그렇기에 전쟁으로 중국을 통일하는 것은 정의가 아니었다. 통일이라는 명분 아래 너무 많은 인명이 희생되어야 했기에 그러하다. 맹자가 전쟁에 대하여 담론함은 전쟁이 중요한 문명의 화두였기 때문이기도 했지만 동시에 중국을 통일하는 가장 정의로운 길은 전쟁이 아니라 성인의 도를 기반으로 한, 곧 왕도정치를 기반으로 하는 것이라고 확신했기 때문이기도 했다.

:: 텍스트의 힘

　　　　　　　이렇듯 『맹자』는 문명의 화두를 내장하고 있는 문명의 텍스트다. 여기에는 복수나 전쟁뿐 아니라 우정, 명예, 운명, 죽음, 정의, 즐거움 등 다양한 문명의 화두에 대한 통찰이 풍부하게 담겨 있다. 『시경』이나 『서경』, 『춘추』 같은 문명의 텍스트도 마찬가지다. 맹자는 자신보다 앞서 있었던 이들 문명의 텍스트를 이어 받아 성인의 도가 위협받는 시대, 성인의 도를 수호함으로써 중국 문명을 보존하고자 하는 의도에서 『맹자』를 편찬한 것이다. 이는 중국 역사상 매우 중요한 공헌이었다. 텍스트의 편찬으로 중국 문명을 보존하고 갱신해 왔다는 관념은 오로지 맹자에게만 보인다. 두어 세대 후배이면서 같은 유가인 순자에게도 보이지 않는다. 맹자의 독창적 견해로 텍스트 편찬을 우임금의 치수나 주공이 행한 '오랑캐'로부터의 중국 수호와 동등한 문명 수호 행위로 본 것이다.

　　이러한 맹자의 관념은 이후 중국 역사에서 고스란히 구현되었다. 중국 문명이 실제로 텍스트에 의해 지탱되고 계승되었으며 갱신되며 발전하였던 것이다. 문명의 텍스트를 생산하고 그 안에 담긴 문명의 화두에 대한 해석을 일신하는 방식으로 중국 문명을 유지하고 발전시켜 왔다는 얘기다. 특히 통일 제국 시절에는 반드시 그러했다. 한대에는 오경박사를 설치하여 유가의 다섯 경전에 대한 연구를 통해 중국 문명의 진전을 뒷받침하고자 했고 세상이 혼란해지자 석경(石經), 그러니까 돌에 경전을 새기고 이를 중국 전역의 주요 거점에 세움으로써 흔들림 없이 문명을 유지해 가고자 했다. 당대에 들어서는 태종 때 『오경정의』를 간행하여 제국 통치에 필요한 문명의 화두에 대한 재해석을 수행하였고, 현종은 『효경』·『도덕경』·『금강반야경』에 직접 주석을 달아 유교와 도교, 불교 3교 모두에서 해석의 높이와 깊이, 넓이를 장악함으로써 문명의 중심을 굳건히 세우고자 하였다. 문명이 흔들릴 때는 한대와 마찬가지로 석경을 만들어 문명을 지탱하고자 하였다. 이어진 송대에는 『태평광기』·『태평어람』·『문원영화』·『책부원귀』 같은 방대한 규모의 백과전서를 편찬하여 문명 발전의 새로운 전기를 마련하고자 하였고, 명대에는 『영락대전』·『성리대전』·『사서대전』·『오경대전』 같은 텍스트를 편찬함으로써 중국 문명의 부흥을 일구어 내고자 했다. 청대에는 『고금도서집성』·『사고전서』 편찬과 같은 대규모 문헌 정리 사업을 펼쳤고 13경을 새긴 석경을 제작하는 등 이를 통해 만주족의 청 제국이었지만 그와 무관하게 중국 문명의 유지와 갱신을 지속적으로 실현해 가고자 하였다.

단적으로 이는 중국은 텍스트의 제국이었다고 단정해도 될 만한 현상이다. 중국이라는 문명이 텍스트에 의해 빚어지고 유지되며 갱신되었다고 해도 과언이 아니라는 뜻이다. 하여 중국 문명은 집권 세력이 누구냐와 무관하게 끊이지 않고 지속될 수 있었다. 문명의 텍스트 덕분에 몽골이나 만주 같은 이민족이 중원을 지배해도 중국 문명이 단절되지 않고 이어질 수 있었다는 것이다. 문명을 읽어 낼 줄 알았던 맹자의 독창적 견해가 이후 중국 문명 2천여 년의 역사를 이러한 식으로 빚어냈음이다.

···· 흔들리지 않는 삶

용기
내기

맹자는 참으로 기세등등하고 거침없었다. 언제라도 신하를 처형할 수 있는 권력을 지닌 임금에게 당신이 정치를 못하면 언제라도 쫓겨날 수 있다며 겁박하였고, 사람을 몽둥이로 쳐서 죽이는 것이나 정치로 죽이는 것이나 매일반이라며 이기죽거렸다. 희생으로 쓰일 소는 불쌍히 여기면서 마찬가지 처지인 양은 불쌍히 여기지 않음은 양이 소보다 덜 비싸서 그러는 것 아니냐며 비아냥대기도 했다.

:: 도덕, 용기의 원천

　　　　　　도대체 맹자는 어떻게 그리도 기세등등하고 거침없을 수 있었을까? 타고난 기질이 그러했을 가능성 외로 그 원인을 『맹자』에서 찾으면 적어도 두 가지를 꼽을 수 있을 듯하다. 하나는 용기이고 다른 하나는 호연지기이다. 맹자의 용기는 이를테면 당시 용기 하면 제일가는 사람으로 꼽히곤 했던 북궁유나 맹시사 같은 용기가 아니었다.

북궁유가 용기를 배양함에 살갗을 찔린다고 해도 움찔하지 않고 눈을 찔린다 해도 피하지 아니했다. 한 올만큼이라도 다른 사람에게 모욕당함을 마치 시장이나 조정에서 매 맞는 것같이 여겼다. 헐렁한 무명옷을 입는 평민에게도 모욕을 받지 않고, 강대국의 군주에게도 모욕을 받지 않았다. 강대국 임금을 찌르는 것을 마치 무명옷을 입는 평민을 찌르듯이 보았고 군주들을 두려워하지 아니했으며 자신을 험담하는 소리가 들리면 험담한 자에게 반드시 보복하였다. 맹시사는 용기를 배양함에 "승리하지 못하는 것도 승리할 수 있는 것으로 본다. 적군을 헤아린 후에야 진군하고 승리가 예상된 후에야 맞붙는다면 이는 적군을 두려워하는 사람이다. 나 맹시사라고 하여 어찌 반드시 승리만 할 수 있겠는가? 단지 두려움을 없앨 수 있을 따름이다"라 하였다.

北宮黝之養勇也, 不膚撓, 不目逃, 思以一豪挫於人, 若撻之於市朝. 不受於褐寬博, 亦不受於萬乘之君. 視刺萬乘之君, 若刺褐夫. 無嚴諸侯. 惡聲至, 必反之. 孟施舍之所養勇也, 曰, "視不勝猶勝也. 量敵而後進, 慮勝而後會, 是畏三軍者也. 舍豈能爲必勝哉, 能無懼而已矣."

_「공손추 상」

북궁유나 맹시사는 용기 있는 자로 이름이 자자했던 이들이다. 그런데 이들이 용기를 배양하는 방식은 자못 달랐다. 북궁유는 살갗이나 눈동자가 찔린다고 해도 움찔대거나 고개를 돌리지 않았다. 남에게 추호라도 모욕을 당했다 싶거나 누가 자기를 험담하는 소리를 들으면 시장이나 조정같이 사람 많은 데서 공개적으로 매를 맞은 것처럼 여겨 반드시 그들에게 보복하였다. 힘없는 평민을 두려워하지 않은 것은 물론이고 막강한 권세를 지닌 강대국의 군주 앞에서도 조금의 위축됨 없이 주저하지 않고 칼을 휘둘렀다. 맹시사는 이길 만하면 맞붙어 싸우고 그렇지 않으면 회피하는 이는 적을 두려워하는 자일 뿐이라며 자신은 그와 정반대라고 자부했다. 적군을 마주하면 설사 질 것 같을지라도 반드시 이길 것이라고 자신한 후 맞붙는다는 것이다. 이때 당연히 질 수도 있다. 그러함에도 당당히 맞붙는 까닭은 두려움을 없앨 수 있는 용기가 있기 때문이라고 한다.

북궁유가 완력에 의거하여 물리적 힘을 행사하는 용기라면 맹시사는 심력, 그러니까 마음의 힘으로 행사하는 용기라고 할 수 있다. 그런데 맹자는 이 둘이 용기를 기르는 방식이 요령을 얻지 못했다고 평가한다. 그러면서 증자라는 현인의 얘기를 일러 준다. "나는 일찍이 스승 공자로부터 큰 용기에 대하여 들은 적이 있다. 스스로 돌이켜 보아 곧지 못하면 비록 헐렁한 무명 옷을 입는 평민에게도 내 어찌 두려워하지 않을 수 있겠는가? 스스로 돌이켜 보아 곧으면 비록 천 명, 만 명이 있다고 하더라도 나아갈 것이다."[28] 공자로부터 증자가 들은 큰 용기, 그러니까 참된 용기를 기르는 방식은 다름 아닌 '스스로 돌이켜 봄', 곧 도덕의 힘에 의지하는 것이었다. 용기 하면 완력이나 기세, 담대한 마음 같은 것들이 먼저 떠오르지만 공자는 그게 아니라 용기 또한 그 바탕은 도덕이라고 일깨운 것이다. 그렇게 도덕적으로 떳떳하기 때문에 상대가 권세라곤 하나 없는 평민이든 권세 높은 강대국의 군주든 그들 앞에서 늘 당당하고 꼿꼿할 수 있게 된다.

맹자 보기에 용기도 이처럼 도덕이 그 바탕이었다. 그가 나이 마흔에 부동심, 그러니까 어떠한 상황에서도 흔들리지 않는 마음을 소유할 수 있었음도 바로 스스로 돌이켜 보아 곧음이라는 도덕적 성취가 있었기 때문이다. 도덕적 성취가 부동심을 이루어 내고 그 바탕 위에서 참된 용기가 발휘된다는 통찰이다. 그래서 맹자는 생살여탈권을 쥐고 있는 군주 앞에서도 당당하고 꼿꼿하게 서슴없이 자기 할 말을 다 할 수 있었다. 여기에는 호연지기도 한몫했다. 맹자는 호연지기를 잘 기른다고 장담했다. 이를 지언, 곧 말을 아는 것과 함께 자신의 양대 장점으로 꼽을 정도였다. 그러니 호연지기가 무엇인지를 제자들이 안 물을 수 없었던 듯하다. 이에 맹자는 말로 설명하기 참 어렵다면서 "그 기라는 것은 지극히 크고 지극히 굳세서 이것을 곧음으로써 배양하면 해가 없어 천지 사이에 가득 차게 된다. 그 기는 의로움과 도로 배합하기에 이것이 없으면 주린 듯 허약해진다"[29]고 답하였다.

맹자는 먼저 호연지기는 기의 일종으로 매우 크고도 굳센 것이라고 전제한다. 그런데 이 기를 곧음과 의로움, 도 등으로, 곧 도덕으로 기르면 해될 게 없어서 천지 가운데 가득 차 있는 이 기가 나에게도 차오르게 된다고 한다. 그러니까 천지 가운데 꽉 찬 기가 도덕을 매개로 하여 나에게도 꽉 차게 된다는 것이다. 그랬을 때 사람은 호연지기로 충만하여 강인해진다. 그렇지 못하면 마치 굶주린 듯이 허약해지고 심약해진다. 여기서 중요한 것은 기를 도덕으로 기른다는 점이다. 맹자는 기를 도덕으로 제어하지 못하면 기가 폭주하여 사람을 난폭하게 만든다고 했다. 용기 있는 것과 난폭하게 구는 것은 엄연히 다르다. 기가 성하다고 하여 다 참된 용기를 지녔다고 할 수 없는 까닭이다. 하여 기는 마음으로 통제하고 부릴 수 있어야, 곧 도덕으로 통제하고 부릴 수 있어야 비로소 호연지기가 되어 참된 용기의 바탕이 될 수 있다. 맹자는 이를 "마음은 기의 장수다"는 말로 대변했다. 마음이 장군이 되어 군사인 기를 완전히 통어했을 때 호연지기가 갖추어지고 그랬을 때 참되게 당당하고 강단 있는 용기를 지닐 수 있다는 얘기다.

이렇듯 용기의 관건은 도덕이다. 맹자는 스스로 돌이켜 보아 도덕적으로 떳떳한지 여부가 참된 용기를 지니고 발휘하는 데의 관건으로 본 것이다. 이는 북궁유나 맹시사 같은 완력이나 심력이 용기의 원천이라고 본 세상의 관점을 뒤집은 것이다. 그들의 완력이나 심력은 도덕과 무관해 보이기에 용기가 도덕과는 거리가 있다고 생각될 수 있는데 맹자는 이러한 세속의 관점을 깨고 용기도 다른 덕목들과 마찬가지로 도덕과 밀접하게 연동되었음을 밝힌 것이다. 그런데 이는 실은 맹자 고유의 견해만은 아니었다.

:: 용기, 뜻한 바를 이루어 내는 힘

용기를 도덕과 연관 지은 것은 공자의 견해이기도 했다. 공자도 용기를 두 가지로 나누어 다루었다. 도덕으로 제어되지 않는 용기, 그러니까 북궁유나 맹시사 같은 완력이나 심력을 기반으로 하는 용기와 도덕으로 제어되는 용기, 곧 맹자가 말한 참된 용기로 나누었다. 어느 쪽이든 공자 또한 용기는 두려워하지 않는 것이라고 전제했고, "의로움을 보고도 이를 행하지 않음은 용기가 없는 것이다"[30]고 함으로써 맹자처럼 의로움과 연계하였다.

특히 『논어』를 보면 공자는 수차례에 걸쳐 도덕의 통제를 받지 않는 용기에 대하여 깊은 우려를 표하였다. 곳곳에서 사회적 혼란, 난폭함의 원인 가운데 하나로 도덕과 무관하게 발휘되는 용기를 거론했다. 예컨대 이런 식이었다.

···· 흔들리지 않는 삶

용기가 있으면서 예가 없으면 난폭해진다.

勇而無禮則亂.

_ 『논어』「태백」

용기를 좋아하면서 배우기를 좋아하지 않으면 그 폐단은 난폭해진다는 것이다.

好勇不好學, 其蔽也亂.

_ 『논어』「양화」

군자는 용기가 있으면서 의로움이 없으면 난폭해지고 소인은 용기가 있으면서 의로움이 없으면 도둑이 된다.

君子有勇而無義爲亂, 小人有勇而無義爲盜.

_ 『논어』「양화」

용기 있음, 곧 용맹함 그 자체만으로는 득은 거의 없고 실이 훨씬 크다는 통찰이다. 그렇다고 용기가 쓸모없다는 건 아니었다. 공자는 용기가 다른 덕을 완성시켜 주는 덕목으로 활용될 수 있다고 보았다. 곧 "장무중의 지혜와 공작의 무욕, 변장자의 용기, 염구의 기예에 예악으로 그것들을 꾸며 주면 또한 완성된 사람이 될 수 있다"[31]라고 함으로써 용기에 예악과 같은 도덕이 더해지면 도덕적 완성을 이룰 수 있다고 하였다. 그래서 공자는 군자의 세 가지 길 가운데 하나로 두려워하지 않는 용기 있는 자를 근심하지 않는 어진 이, 미혹되지 않는 지혜로운 이와 함께 대등하게 제시했고, "어진 이는 반드시 용기를 지니게 마련"[32]이라고 함으로써 용기를 어짊이라는 자신이 제시한 최고 덕목을 구비하는 데 꼭 필요한 요소라고 잘라 말했다.

이는 용기가 단순히 완력 같은 물리력을 가리키지 않고 본래부터 무언가를 이루어 내는 힘이었기에 가능했던 통찰이다. 용기의 한 기반인 물리적 힘은 예컨대 무력처럼 무언가를 해내는 힘으로 충분히 사용될 수 있다. 춘추시대의 역사를 담고 있는 『춘추좌전』이라는 고전에 보면 "어질면서도 '무(武)'하지 않으면 하고자 하는 일을 성취할 수 없다"[33]는 구절이 나온다. 여기서 "무(武)하지 않다"의 원문은 "무(武)하다"의 부정형인 "불무(不武)"이다. '무(武)'는 창이란 뜻의 과(戈)와 그치다라는 뜻의 지(止)를 합쳐 놓은 글자이다. 이로부터 "전투를 그치게 하다" 정도의 뜻이 구성된다. 창을 싸움, 전투, 전쟁 등을 가리키는 말로 이해한 결과다. 따라서 무력은 전투를 그치게 하는 힘 정도의 뜻이 된다. 전투를 그치게 한다는 것은 전투 종식이라는 현상을 이루어 낸다는 뜻이다. 가령 창으로 대변되는 전쟁을 그치게 하려면 또 다른 힘이 있어야 한다. 그것이 전투력이든 외교력이든 또는 경제력이든 간에 한창 충돌 중인 무력 사용을 멈추게 하려면 그렇게 할 수 있는 힘이 필요하다. 무는 바로 그러한 힘을 가리켰다. 무는 이렇듯 목적하는 바를 실현할 수 있는 역량, 곧 현장에 투입되어 실제적 힘으로 사용될 수 있는 역량을 뜻한다. 따라서 "무하지 않다"는 목적하는 바를 실현할 수 있는 역량의 부재를 가리킨다. 이상을 토대로 위 구절을 해석하면, "어질면서 이를 실현할 수 있는 힘이 없으면 하고자 하는 일을 이룰 수 없게 된다"가 된다. 결국 어짊이라는 덕목을 구현하기 위해서는 이를 실현할 수 있는 힘, 곧 무로 대변되는 역량이 필요하다는 통찰이다. 무력이 어짊 실현의 필요조건이 되는 셈이다. 통념상 어짊이 환기하는 덕목과 무력이 환기하는 덕목이 사뭇 다른 것처럼 인식되지만 실은 이 둘은 이처럼 상호보완적인 관계를 맺고 있었다.

그런데 무는 '용맹하다', 곧 '용기 있다'는 뜻으로도 쓰인다. 그렇다 보니 무가 물리력만을 가리키지 않는 것처럼 용기가 있다는 것도 단순히 완력이나 심력 같은 힘이 셈만을 뜻하지는 않는다. 역시 『춘추좌전』을 보면 "의롭지 못하게 죽는 것은 용기가 아니다"[34], "의를 따르는 것을 용기라 한다"[35]라는 언급이 보인다. 이는 용기란 의로움을 행할 수 있는 능력이기도 함을 의미한다. 곧 내면에 갖춘 의로움이라는 윤리적 덕목을 바깥으로 실제적으로 구현할 수 있는 능력을 가리킨다. 앞서 말했듯이 공자가 "어진 자는 반드시 용기를 지녔다"고 한 이유이자 맹자가 주목한 용기의 참된 면목이다. 그래서 맹자는 자신이 말하는 용기는 북궁유나 맹시사 유의 용기가 아니라고 말한 것이다. 단적으로 용기는 도덕을 구현해 내는 힘이다. 그렇기에 도덕을 기반으로 발휘되었을 때 비로소 참된 용기가 된다.

맹자는 이러한 용기를 갖추고 있어야 한다고 권했다. 공자가 나이 마흔에 미혹되지 않았다고 한 것처럼 맹자는 나이 마흔에 어떤 경우에도 흔들리지 않는 부동심을 지녔다고 고백했다. 달리 말해 그 어떤 상황에서도 당당하고 꼿꼿할 수 있게 되었다고 하였다. 이처럼 사람은 누구나 그럴 수 있는 용기를 지니도록 바탕을 온전히 갖추어야 한다고 보았다. 그래야 용기가 필요할 때 용기를 낼 수 있게 된다. 옛적 성인들이 한바탕 크게 용기를 내어 천하를 구제했던 것처럼 말이다.

:: 발분, 분노하는 용기

큰 용기의 하나는 분노를 드러내야 할 때 드러낼 줄 아는 용기다. 맹자는 『시경』과 『서경』에 수록되어 있는 옛 성왕의 일을 거론하며 큰 용기가 무엇인지를 명쾌하게 설명했다.

왕께서는 작은 용기를 좋아하지 마십시오. 무릇 칼을 어루만지면서 성난 눈초리로 쏘아보며 "그가 어찌 감히 나를 당해 낼쏘냐?"고 하신다면 이는 필부의 용기로 그 한 사람만을 대적할 수 있습니다. 청컨대 왕께서는 이를 크게 하십시오. 『시경』에 "문왕이 불끈 화를 내시어 이에 그 군대를 정비하사 밀 땅 사람들의 거 땅 침략을 방지하고, 이로써 나라의 복지를 두텁게 하고, 이로써 천하 사람에게 응대하셨다"라고 하였습니다. 이것이 문왕의 용기입니다. 문왕은 한번 화내어 천하의 백성을 안정시켰습니다. 『서경』에는 "하늘이 하계의 백성을 낳아 그들의 임금을 세우고 그들의 스승을 세움에 단지 말하기를 상제를 도와 사방의 백성에게 은총을 베풀라. 죄 있고 없음은 오직 나에게 달려 있으니 이 세상에 어찌 감히 하늘의 뜻을 어길 수 있겠는가?"라고 하였습니다. 폭군 주왕이 천하에 횡행하니 무왕은 이를 부끄럽게 여기셨습니다. 이것이 무왕의 용기입니다. 무왕 또한 한번 화내어 천하의 백성을 안정시켰습니다. 이제 왕께서도 한번 화를 내시어 천하의 백성을 안정시킨다면 백성은 오히려 왕께서 용기를 좋아하지 않으실까 하여 걱정할 것입니다.

王請無好小勇. 夫撫劍疾視曰, '彼惡敢當我哉.' 此匹夫之勇, 敵一人者也. 王請大之. 詩云, "王赫斯怒, 爰整其旅, 以遏徂莒, 以篤周祜, 以對于天下." 此文王之勇也. 文王一怒而安天下之民. 書曰, "天降下民, 作之君, 作之師. 惟曰其助上帝, 寵之四方. 有罪無罪, 惟我在, 天下曷敢有越厥志." 一人衡行於天下, 武王恥之. 此武王之勇也. 而武王亦一怒而安天下之民. 今王亦一怒而安天下之民, 民惟恐王之不好勇也.

_「양혜왕 하」

성인 문왕과 무왕이 드러낸 분노는 이렇듯 천하의 백성을 안정시키는 데로 귀결되었다. 그 분노가 사적 원한에 의한 것이 아니라 공적 분노였기 때문이다. 문왕은 이적, 그러니까 소위 '오랑캐'가 중국을 침탈하는 것에 분노해 거나라를 구원했고, 백성의 살림이 어려운 것에 분노해 복지를 두텁게 함으로써 천하를 안정시켰다. 그 아들 무왕은 당시 천자였던 주왕이 폭정에 폭정을 거듭하여 백성이 도탄에 빠져 신음하는 것에 분노해 주왕을 내쫓고 백성을 도탄으로부터 구제함으로써 천하를 안정시켰다. 이렇게 잘못된 세상에 대한 공적 분노를 드러내어 이를 바로잡고자 분연히 일어서는 것이 참된 용기라는 얘기다.

참된 용기는 문왕이나 무왕 같은 성인이어야 비로소 지닐 수 있다는 얘기가 아니다. 다만 누구든 "발분(發憤)", 그러니까 공적 분노를 표출할 수 있어야 한다는 얘기다. 공자는 경전을 왜 공부해야 하는지, 그 필요성을 설명하는 대목에서 경전을 공부함으로써 공적 분노를 드러낼 줄 알게 된다고 단언했다. 지금과 달리 공자나 맹자의 시대 공부는 공적인 일을 맡기 위해, 곧 관리가 되어 천하를 경영하기 위해 했다. 따라서 공부를 하는 이유의 하나가 공적 분노를 제때 드러낼 줄 알아야 한다는 얘기는 곧 관리된 자는 공적 분노를 온전히 드러낼 줄 알아야 한다는 뜻이 된다. 공적 분노가 성인인지 아닌지와 무관하게 공부한 이라면 누구든지 드러낼 줄 알아야 하는 기본 덕목으로 설정됐던 셈이다.

···· 흔들리지 않는 삶

이렇듯 맹자가 말한 용기는 처음부터 끝까지 도덕적 실천과 밀접하게 연결되어 있다. 그렇기에 참되지 못한 용기, 예컨대 그저 완력이나 심력에만 기초한 용기나 소인배의 용기 같은 것은 맹자 보기에 용기가 아니었다. 용기의 원천이 도덕이고, 용기는 도덕을 이루어 내는 힘이기에 그것과 소인배는 애초부터 어울릴 수 없는 관계였다. 맹자 보기에 이러한 용기는 어디까지나 누구나 갖출 수 있는 바였다. 이러한 용기를 지니지 못함은 할 수 없어서가 아니라 하지 않는 것이라는 말이다. 그렇기에 맹자는 자기 나이 마흔에 이러한 용기를 지녔고 그건 소인배들의 용기 따위와는 질적으로 구분되는 참용기라고 자부할 수 있었다.

몸과
마음 닦기

"조장(助長)"이라는 말이 있다. 춘추시대 송나라 사람 하나가 싹을 틔운 지 얼마 되지 않은 밭에 나가 싹이 더디 자란다면서 싹의 목을 쑥쑥 뽑았다. 얼른 쑥쑥 자라라는 의도에서였다. 그러고는 집에 들어와 대단한 일이나 한 듯이 가족들 앞에서 싹의 성장을 도왔다면서 피곤해했다. 아들이 얼른 밭에 나가 보았으나 이미 싹의 뿌리가 모두 들떠 물을 제대로 흡수하지 못한 채 시들시들 말라 있었다. 조급함 때문에 일을 몽땅 그르치게 되는 어리석음에 대한 우화이다.

:: 호연지기 기르기

이는 호연지기를 기르는 일과 연관

지어 맹자가 한 이야기다. 호연지기를 잘 기름이 자신의 양대 장점의 하나라고 맹자가 꼽자 제자들은 호연지기가 무엇이냐고 여쭈었다. 말로는 설명하기 어렵지만 그것은 의로움을 쌓아서 기르면 내 안에는 물론이고 천지간에 가득하게 되는 기라고 하였다. 그러고는 절대로 조바심을 내지 말고 착실하게 길러야 한다고 당부하는 대목에서 꺼낸 이야기였다.

기는 눈에 보이지도 않고 손으로 만져지지도 않는다. 그러니 스승의 말씀대로 해도 과연 내 안에 호연지기가 축적되고 있는지를 알 길이 없다. 의심이 들고 조바심이 나는 건 어찌 보면 너무나 당연했다. 이를 맹자도 익히 알고 있었다. 하여 제자들에게 이렇게 당부했다.

> 반드시 일삼음이 있어야 하며 기대하지 말며, 마음으로 잊어서는 안 되고 조장해서도 안 된다. 송나라 사람처럼 하면 안 된다.
>
> 必有事焉而勿正, 心勿忘, 勿助長也. 無若宋人然.
>
> _「공손추 상」

일삼음이 있어야 한다는 말은 의로움을 집적하는 일을 꾸준히 수행해야 한다는 뜻이다. 기대하지 말라는 것은 이를테면 '오늘 하루 의로움을 쌓았으니 이제 호연지기가 이만큼은 쌓였겠지' 하는 식으로 마음먹지 말라는 뜻이고, 마음으로 잊어서는 안 되다는 것은 설령 눈으로 확인이 안 되고 마음으로 느껴지는 바가 없다고 하여 중도에 그만두어서는 안 된다는 얘기다. 송나라 사람처럼 하면 안 된다는 것은 마음만 앞서서 조장해서는 안 된다는 소리다. 인용문의 핵심은 호연지기를 기름의 요체는 일삼음, 곧 의로움을 집적하는 일을 꾸준히 해 가는 데 있다는 것이다. 그러다 보면 어느 순간 내 안에 충일하게 차 있는 호연지기를 느낄 수 있다고 한다. 호연지기는 야기(夜氣), 그러니까 밤에 길러져서 새벽에 일어나면 느낄 수 있는 맑은 기운처럼 천지간에 가득 차 있기 때문에 이를 내 안에 집적하려는 노력만 꾸준히 한다면 반드시 내 안에 차오르게 된다고 보았음이다.

맹자는 이는 선택이 아니라 필수라고 여겼다. 사람이라면 누구나 호연지기를 길러야 한다고 여겼다는 얘기다. 만약 호연지기가 부족하게 되면 금수와 별 차이가 없게 된다며 양기(養氣), 그러니까 호연지기를 기름을 중시했다. 하여 맹자는 이를 인의의 마음을 기르는 일과 연결하였다.

사람에게 존재하는 것 중 어찌 인의의 마음이 없겠는가? 타고난 바의 마음인 양심을 방치해 버리는 것은 또한 자라는 나무에 도끼를 대고 베어 버리는 것과 같다. 하루하루 찍어 내면 아름답게 자랄 수 있겠는가? 밤낮으로 길러지는 바가 새벽의 기운이다. 양심을 방기한 자는 양심을 보존한 이와 그 좋아하고 싫어함에 비슷함이 적으니 대낮에 하는

···· 흔들리지 않는 삶

행위가 양심을 방해하고 없애 버렸기 때문이다. 양심을 방해하고 없애
는 일을 반복하면 밤에 길러지는 기운인 야기가 존재할 수 없다. 야기
가 존재할 수 없다면 그는 금수와 멀지 않을 것이다.

雖存乎人者, 豈無仁義之心哉. 其所以放其良心者, 亦猶斧斤之於木也, 旦
旦而伐之, 可以爲美乎. 其日夜之所息, 平旦之氣, 其好惡與人相近也者幾
希, 則其旦晝之所爲, 有梏亡之矣. 梏之反覆, 則其夜氣不足以存, 夜氣不
足以存, 則其違禽獸不遠矣.

_「공손추 상」

　여기서 맹자는 사람은 누구나 타고나는 마음이 있는데 양
심이 그것이고, 양심의 실질은 어짊과 의로움의 마음이라고 규
정했다. 새벽에 느낄 수 있는 맑은 기와 같은 호연지기는 본래
밤낮으로 길러지는 것이다. 그런데 낮에 일상을 보내면서 하는
행위가 사람의 양심을 해치게 되면 밤낮으로 길러지는 야기,
곧 새벽이 되면 맑은 기운으로 드러나는 호연지기가 길러지지
않게 된다. 호연지기는 의로움을 쌓아 가며 기르는 것인데 어
짊과 의로움이 그 실질인 양심이 해를 입었기에 호연지기도 길
러지지 못한 것이다. 호연지기를 길러 천지간의 맑은 기운으로
나를 충일하게 닦아 가는 일은 이처럼 타고난 어짊과 의로움의
마음을 잘 간수하는 일, 곧 도덕으로 심신을 수양하는 일에 다
름없었음이다.

:: 자반, 돌이켜 성찰하기

호연지기를 기르는 일은 이처럼 몸과 마음을 닦는 일, 곧 도덕을 실천하는 활동의 일환이었다. 사람이라면 호연지기를 마땅히 길러야 한다고 보았음은, 따라서 사람은 응당 도덕적 실천을 해야 한다는 말이기도 하다. 호연지기를 기르는 길 외에 맹자가 도덕으로 몸과 마음을 닦는 방도로 자주 제시한 것은 "자반(自反)", 그러니까 돌이켜 자신을 반성, 성찰하는 길이었다. '자반의 윤리학', 곧 스스로 돌이켜 봄의 윤리학이라고 명명할 수 있을 만큼 맹자는 이를 강조하였다.

> 여기 어떤 사람이 있다. 그가 나를 난폭하게 대하면 군자는 반드시 스스로 돌이켜 볼 것이다. 내가 반드시 어질지 못했을 것이리라, 내가 반드시 무례했을 것이리라. 그렇지 않으면 어찌 이런 일이 일어나겠는가? 스스로를 돌이켜 보아 어질고, 스스로를 돌이켜 보아 예의를 지켰음에도 그의 난폭함이 또다시 그와 같다면 군자는 반드시 또다시 스스로를 돌이켜 볼 것이다. 내가 반드시 정성을 다하지 않았을 것이리라. 스스로를 돌이켜 보아 정성을 다했음에도 그의 난폭함이 여전히 그와 같다면 군자는 이렇게 말한다. "이 사람은 단지 망령된 자일 따름이다. 이와 같으니 금수와 무엇이 다르겠는가? 금수와 같은데 또 무슨 비난을 할 수 있으리오?"

有人於此, 其待我以橫逆, 則君子必自反也. 我必不仁也, 必無禮也, 此物
奚宜至哉. 其自反而仁矣, 自反而有禮矣, 其橫逆由是也, 君子必自反也,
我必不忠. 自反而忠矣, 其橫逆由是也, 君子曰, "此亦妄人也已矣, 如此則
與禽獸奚擇哉. 於禽獸又何難焉."

_「이루 하」

　　어떤 사람이 나에게 포악하게 굴면 그에게 화를 내기 전에
내게 잘못이 있지 않을까 하여 내 자신을 먼저 성찰한다는 것
이다. 그렇게 해서 잘못이 없음에도 그자가 또다시 나를 포악
하게 대하면 재차 나를 반성해 본다고 한다. 내가 잘못을 했음
에도 혹 내가 이를 인지하지 못하는 것이 아닐까 하여 재삼재
사 스스로를 돌이켜 본다는 것이다. 그렇게 하여 내게 분명히
아무런 잘못 없음이 재삼재사 확인되었음에도 그자가 여전히
나를 포악하게 대한다면 그때는 그자를 짐승만도 못한 자라고
단정하고 상대를 안 한 얘기다. 이는 그저 소극적이거나 방어
적 태도에 불과하지 않다. 오히려 그 반대다. 부당한 처사에 강
력하고 단호하게 대응하기 위해 근거를 확보하고 힘을 비축하
는 적극적이고도 능동적인 태도다. 진정한 강자만이 돌이켜 자
신에게서 먼저 원인을 찾을 줄 알기에 그러하다.
　　자신을 돌이켜 봄은 그 자체로 자신을 바로잡는 행위이기
때문이다. 이는 자득에 이르는 길이기도 하다. 자기를 성찰한
다는 것은 자신의 결핍을 찾아내어 스스로를 주저앉히는 길이

아니다. 그와 정반대로, 설령 결핍을 발견한다고 해도 이를 자기 강화의 계기로 감싸 안으면서 스스로를 더 강하고 충일하게 만들어 가는 길이다. 그래서 맹자는 어젊을 활쏘기에 비유한 후 "활 쏘는 이는 자신을 바로잡은 후에 활을 쏜다. 그래서 쏴서 맞히지 못하면 이긴 상대를 원망하지 않고 돌이켜 자신에게서 그 원인을 구할 따름이다"[36]라고 단언했다. 스스로를 돌이켜 봄을 통해 자득에 이르렀기에 남을 원망할 하등의 이유가 없었음이다. 나아가 이렇게 "자신을 돌이켜 성찰하여 그 자신이 바로잡히면 천하가 그에게 돌아온다"[37]라고까지 하였다. 맹자는 이러한 태도를 『시경』에 나오는 "영구히 천명에 부합하도록 하여 스스로 많은 복을 구한다"[38]라는 구절과 연결하였다. 돌이켜 자신에게서 원인을 찾고 이를 통해 자신을 바로잡는 행위가 천명을 받드는 것에 다름없으며, 이것이 복을 구할 수 있는 확실한 길이라고 천명한 셈이다. 도덕을 실천함이 곧 복을 구하여 얻을 수 있는 길임을, 그것도 천명이 보증해 주는 확실한 길이라는 뜻이다.

이렇듯 맹자는 도덕의 실천, 곧 몸과 마음을 닦음이 그저 당위이기에 마땅히 해야 하는 것이라고만 하지 않았다. 그는 그것은 구체적으로 복을 얻을 수 있는 이로운 행위임을 강조했다. 마치 호연지기를 길러 내 자신이 그것으로 충일해져 나의 삶에 실질적 도움을 주는 장점이 된 것처럼 자기를 성찰하여 자신을 바로잡는 행위도 실질적 이로움이 된다고 주장했다. 이는 인의를 바탕으로 하는 왕도정치가 비록 그것의 실현에는 시일이 자못 걸리지만 일단 실현되면 그 효과가 안정되게 오래갈 수 있으므로 결국은 궁극적 이로움을 안겨 준다는 맹자 평소의 견해와 궤를 같이한다. 맹자에게서 몸과 마음을 닦음, 곧 도덕의 실천은 이렇듯이 삶의 실질적 이로움을 획득하고 구현하기 위한 적극적이고도 능동적인 활동이었다.

:: 존심, 마음 보존하기

도덕 실천에서 맹자가 보여 준 적극성과 능동성은 '채우다[充]', '밀고 나가다[推]', '확대하다[擴]', '미치게 하다[及]'와 같은 동사의 사용에서도 목도된다. 맹자는 도덕 실천의 하나로 마음의 보존을 매우 중시했다. 사람은 누구나 하늘의 선함을 그 마음에 타고나며, 하늘의 선함은 인간 차원에서는 인의예지신과 같은 도덕심으로 발현된다. 이를 맹자는 "어짊은 사람의 마음"[39]이라고 개괄하기도 했다. 이것이 맹자가 사람이라면 누구나 갖게 마련이라는 인, 곧 인의의 마음인 양심(良心)이다. 따라서 하늘의 선한 본성을 따르는 것은 양심을 따름이 된다. 이를 맹자는 "마음을 보존한다"는 뜻에서 "존심(存心)"이라고 칭했다.

다만 인간이 타고난 양심이 인의의 마음[仁義之心]인 것은 맞지만, 예컨대 인의예지가 온전히 발현된 채로 마음에 담겨 있는 것이 아니라 그들은 단서의 형태로 담겨 있다. 인의지심의 실질이 "네 가지 단서의 마음", 곧 사단지심(四端之心)인 까닭이다. 따라서 후천적 노력을 통해서 단서가 발휘될 수 있도록 마음을 닦아야 한다. 이를 맹자는 "마음을 기른다"는 뜻에서 "양심(養心)"이라고 했다. 이렇게 존심과 양심을 통하여 마음에 깃든 하늘의 선함, 곧 인의라는 도덕이 온전하게 다 발현됨을 일러 "마음을 온전히 다한다"는 뜻에서 "진심(盡心)"이라고 했다. 역으로 양심을 잃고 내 마음이 간 데를 모르는 것을 "마음을 놓쳤다", "마음을 잃었다"는 뜻에서 각각 "방심(放心)", "실심(失心)"이라고 하며, 개나 닭을 잃어버리면 찾아 나설 줄 알면서 마음을 잃어버리고서는 찾을 줄 모른다며 안타까워했다.

이렇듯 맹자는 마음과 관련하여 다양한 용어를 사용하였다. 양심(良心), 존심, 양심(養心), 진심, 방심, 실심 같은 표현을 통해, 그리고 여기에 더해 인의지심, 사단지심, 불인지심(不忍之心, 차마 남을 해하지 못하는 마음) 같은 용례를 통하여 맹자가 마음에 대하여 얼마나 주목했는지를 익히 알게 된다. 나아가 맹자는 이렇게 양심을 보존하고 길러 인의라는 본성이 다 발현되게끔 하는 활동을 '채우다'는 동사를 써서 표현하기도 했다. 마음을 타고난 양심으로 가득 채운다는 뜻에서였다.

측은해하는 마음이 없으면 사람이 아니며 악을 부끄러워하고 미워하는 마음이 없으면 사람이 아니다. 사양하는 마음이 없으면 사람이 아니며 옳고 그름을 가리는 마음이 없으면 사람이 아니다. 측은해하는 마음은 어짊의 단서이고 악을 부끄러워하고 미워하는 마음은 의로움의 단서이며, 사양하는 마음은 예의 단서이고 옳고 그름을 가리는 마음은 지혜의 단서이다. 사람이 이 네 단서를 지님은 네 팔다리를 지님과 같다. 이 네 가지 단서를 지니고 스스로 할 수 없다고 일컫는 것은 스스로를 해치는 자이고 우리 임금은 못한다고 하면 임금을 해치는 자이다. 무릇 네 단서를 나에게서 확대하고 채워 나갈 줄 알면 마치 불이 처음 타오르듯이, 샘물이 처음 솟구치는 것과 같다. 이를 능히 채워 갈 수 있으면 온 천하를 보호할 수도 있지만 채워 가지 못하면 부모를 섬기기에도 부족하다.

無惻隱之心非人也, 無羞惡之心非人也, 無辭讓之心非人也, 無是非之心非人也. 惻隱之心仁之端也, 羞惡之心義之端也, 辭讓之心禮之端也, 是非之心知之端也. 人之有是四端也猶其有四體也. 有是四端而自謂不能者, 自賊者也. 謂其君不能者, 賊其君者也. 凡有四端於我者, 知皆擴而充之矣, 若火之始然, 泉之始達. 苟能充之, 足以保四海, 苟不充之, 不足以事父母.

_「공손추 상」

이러한 사단지심이 곧 양심이다. 맹자는 이러한 마음으로 자신을 채운 후에 이 마음을 밀고 나가고 확대하여 타인에게까지 미치게 하는 것까지를 마음을 온전히 다하는 것으로 보았다. 나의 마음만 온전히 다하면 도덕 실천이 완료되는 것이 아니라 타인도 이러한 상태에 도달할 수 있도록 하는 실천까지를 "마음을 닦는다"고 함의 내용으로 설정한 것이다. 나만 홀로 도덕적 완성을 이룩하는 것이 아니라 타인과 더불어 그렇게 한다는, 곧 "더불어 천하를 선하게 한다"는 지향의 실천까지를 참된 도덕적 실천으로 보았음이다.

그리고 이는 도덕을 실천하는 이에게 이로움을 안겨 준다고 보았다. "나의 노부, 노모를 모심을 타인의 노부, 노모에게도 미치게 하고, 나의 어린아이들을 양육함을 타인의 어린아이에게도 미치게 하면 천하를 손바닥 위에서 운용할 수 있게 된다"[40]라고 한 것처럼 크게는 이를 통해 천하의 왕 노릇까지도 할 수 있다고 보았다. 호연지기를 기름이, 돌이켜 자신을 성찰하고 바로잡음이 실질적 이로움을 안겨 주었듯이 마음을 닦는다는 도덕적 실천 또한 실질적 이로움의 창출과 무관하지 않다고 본 것이다.

:: 사람이 고귀한 존재인 이유

맹자는 사람은 고귀한 존재라고 여겼다. 다만 자기 안에 고귀한 것을 갖고 있어도 그런 줄을 모르는, 자신이 고귀한 존재임을 자각하지 못하고 있을 따름이라고 보았다.

고귀함을 얻고자 하는 것은 사람마다 같은 마음이다. 사람들은 자기 안에 고귀한 것을 갖고 있음에도 그것을 자각하지 못할 뿐이다. 그런데 사람들이 고귀하다고 여기는 것은 실은 참되게 고귀한 것이 아니다. 조맹이라는 자가 고귀하게 만들어 주는 것은 조맹이 천박하게 할 수도 있다. 『시경』에 이르기를 "이미 술에 취했고, 이미 덕에 배불러 버렸다"라고 한다. 인의에 배불러 버렸기 때문에 남의 진수성찬을 바라지 않는 것이다. 아름다운 명성이 자신의 몸에 갖추어져 있기 때문에 남의 아름다운 의복을 바라지 않는 것이다.

欲貴者, 人之同心也. 人人有貴於己者, 弗思耳. 人之所貴者, 非良貴也. 趙孟之所貴, 趙孟能賤之. 詩云, "既醉以酒, 既飽以德." 言飽乎仁義也, 所以不願人之膏粱之味也. 令聞廣譽施於身, 所以不願人之文繡也.

_「고자 상」

조맹은 춘추시대 진나라의 권세가였다. 권세가 크다 보니 자기 뜻대로 남에게 벼슬을 주기도 하고 뺏기도 했던 이였다. 그러니 조맹같이 아무리 권세 높은 이에게서 받았다고 할지라도 다른 사람에게서 받는 고귀함은 참된 고귀함이 아니라는 것이다. 반면에 사람에게는 인의, 그러니까 도덕이 내재되어 있기에 모두가 고귀하다는 얘기다. 그것은 관념적으로만 그러한 것이 아니라고 못 박는다. 덕으로 배부른 것은 비유가 아니라 실상이라는 것이다. 도덕이 내장되어 있기에 내적 결핍이 없고 그 덕분에 내 바깥의 진수성찬 같은 것에 눈길을 뺏길 이유가 없다고 한다. 단지 내장되어 있기만 한 것이 아니라 도덕의 힘이 겉으로 드러나 아름다운 명성이 몸에 갖추어지게 되면 자수로 수놓은 아름다운 옷에 주의를 앗길 이유도 없다고 한다. 도덕을 갖춘다고 함은, 그 힘을 발휘한다고 함은 이렇듯 스스로의 고귀함을 확인하는 과정이고 내적 충일함으로 자득하고 당당함을 갖추는 과정이다.

문제는 이러한 도덕의 힘을 자각하려 들지 않는다는 데 있다. 이는 오늘날도 마찬가지다. 우리는 일상생활을 영위하며 도덕의 힘을 생활하는 데 필요한 또는 유용한 실질적 힘으로 인정한 적이 과연 얼마나 될까? 이는 '착하다'라는 형용사가 사람에게 더는 적용되지 않는 세태를 봐도 금방 알 수 있다. '착한 음식', '착한 물가'처럼 사물이나 가격에는 좋은 의미로 붙여 사용하는 반면 사람에게, 특히 성인에게는 웬만해서는 잘 쓰지 않는다. 그만큼 도덕적 가치와 실생활은 저만큼 분리되어 있다. 사정이 이러하니 사람은 누구나 도덕이 내재된 고귀한 존재라고, 이것의 자각이 필요하다며 목청을 돋운다고 해도 별무 소용일 가능성이 크다.

그런데 이러한 사고실험을 해 보자. 저마다 나는 도덕을 본성으로 타고난 고귀한 존재다, 그렇기에 태어난 바 그 자체로 이미 내적 결핍이 없이 충일한 상태라는 점을 자각하고 이를 근거로 일상을 영위해 간다면 과연 어떠한 일이 벌어질까? 물론 현실화되기 무척 어려운 사고실험에 불과할 수 있다. 인류 역사에서 악한 이, 착하지 않은 이가 없었던 적이 없으므로 이러한 사고실험이 공허할 수 있다. 그러함에도 사고실험을 계속해 본다면, 모두가 다 이러한 자각 위에서 일상을 영위하지는 않는다고 해도 한 사회의 다수가 이러한 자각 위에서 일상생활을 꾸려 가고 있다면, 그 사회의 모습은 어떻게 될까? 이것저것 다 떠나서 남들은 어떻게 살든 나만이라도 내가 도덕으로 인하여 고귀하며, 그 자체로 내적 결핍이라고는 전혀 없는 온전히 충일한 상태라는 자각 위에서 삶을 살아간다면?

시대가 달라도 문명 조건이 판이해도 몸과 마음을 닦을 줄 알아야 하는 까닭이 여기에 있다. 이를 통해 외적 조건에 의해 흔들리지 않는 내적 자아를 실현할 수 있기 때문이다. 그랬을 때 맹자처럼 자신이 주도하는 삶을 당당하고도 일관되게 펼쳐 낼 수 있게 되기에 그러하다.

참된
벗과 사귀기

벗은 중요한 문명의 화두였다. 씨족사회나 부족사회 단계에서는 벗이라는 관계가 형성되지 않았을 개연성이 높다. 공동체 성원 모두가 혈연으로 연결되었기에 굳이 벗이라는 사회적 관계가 있을 필요가 없었다. 그러다 문명이 발달하면서 혈연관계를 벗어나서 사회적 관계를 맺게 되었다. 벗은 이렇게 혈연을 기반으로 하지 않는 사회적 관계 중 가장 대표적 관계였다. 게다가 벗은 혈연관계가 아님에도 혈연인 이들보다 더 중시하고 긴밀하며 때로는 목숨을 걸기까지 아끼는 대상이기도 하다. 벗이라는 사회적 관계가 세상을 경영하고자 하는 이들에게는 꼭 곱씹어 봐야 할 중요한 화두인 까닭이다. 그래서인지 『맹자』보다 훨씬 중시되었던 『논어』라는 문명의 텍스트에는 19군데에 걸쳐 벗에 대한 통찰이 담겨 있다.

:: 벗, 나를 성장시키는 존재

그중에는 공자의 말임에도 말이 안 되는 언급이 있다. "군자는 자기만 못한 이를 벗해서는 안 된다"[41]는 구절이 그것이다. 이 말에는 어떠한 문제가 있는 것일까? 답하기 전에 먼저 '자기만 못하다'는 말의 뜻을 명확히 할 필요가 있다. 논리적으로 이 말은 자신과 대등하거나 자신보다 나은 두 가지 경우를 가리킬 수 있지만, 옛사람들은 자신보다 나은 경우만으로 이해했다. 이를 감안하고 답을 찾으면, 공자의 말대로 했다가는 상호 간에 벗 관계가 맺어질 수 없다는 것이다. 벗은 서로가 서로를 벗으로 대해야 비로소 성립되는 관계이다. 그런데 공자의 말대로 하면 나은 쪽은 못한 쪽을 벗으로 삼으면 안 된다. 결국 서로 벗하는 것은 불가능하게 된다.

가령 갑이 을과 벗이 되려면 을은 반드시 갑보다 나아야 한다. 그래서 을과 벗이 되고자 한다. 그런데 을의 처지에서 보면 을은 갑과 벗을 해서는 안 된다. 갑은 을보다 낫지 않기에 그러하다. 공자 보기에 갑이 자기보다 나은 을과 벗하는 것은 합당한 반면 을이 자기보다 못한 갑과 벗하는 것은 타당하지 못한 행위가 된다. 이렇듯 공자의 말대로 실천하게 되면 세상에는 서로가 대등한 경우를 빼고는 서로가 서로에게 벗이 될 수 없다. 여기서 공자가 이렇게 비현실적인 얘기를 했을 가능성은 없다는 전제를 믿으면, 공자의 이 말을 어떻게 이해하면 될까?

힌트는 '군자'이다. 공자는 늘 군자를 대상으로 하여 발언했기에 이 말 또한 일반적인 벗하기를 전제로 한 것이 아니라 군자가 벗 삼을 때에 한정하여 한 것으로 보자는 것이다. 공자 당시 군자는 관리를 가리켰다. 그러니까 공자의 발언 의도는 관직에 있는 이가 벗 삼을 때는 자기보다 못한 이와 벗해서는 안 된다는 것이다. 군자, 곧 관리는 적어도 자신과 대등한 또는 가능한 자신보다 나은 이와 벗하려고 노력해야 한다는 얘기다. 공자가 롤 모델로 삼았던 주공(周公)이 "나만 못한 자와는 나는 함께하지 않으니 내게 누가 될 뿐이기 때문이다. 나만한 자와도 나는 함께하지 않으니 내게 무익하기 때문"[42]이라고 단언했듯이, 혹이라도 못난 벗으로 인해 공무 수행에 지장을 받아서는 안 되었기 때문이다.

공자의 이러한 관점에는 벗은 도움이 되는 존재여야 한다는 오래된 사유가 깃들어 있다. 이를테면 증자라는 공자 제자가 증언했듯이 벗은 자신의 어짊을 보완해 주는 존재여야 한다는 것이다. 『논어』에 나오는 "이문회우(以文會友)", 그러니까 벗을 글을 매개로 사귀어야 한다는 당부도 같은 맥락에서 나왔다. 사실 공자뿐이 아니었다. 『맹자』에는 "고을의 밭을 정전법으로 함께 경작하고 드나듦에 서로 돕는다"[43]라는 언급이 나오는데 여기서 "돕는다"에 해당되는 원문이 벗 우(友)이다. 이 벗 우 자가 여기서는 '보우하다' 할 때의 '우(佑)', 곧 돕다의 뜻으로 쓰인 것이다. 이를 통해 알 수 있듯이 고대 중국에서 벗은 서로 돕는 존재라는 관점이 일찍부터 형성되어 있었다. 하여 "벗이란 서로 돕는 것"[44]이라는 식의 명제가 지속적으로 제시되었다. 맹자도 예외가 아니었다. 아니 벗은 도움이 되어야 한다는 원칙을 한 걸음 더 강하게 밀고 나갔다.

> 한 고을에서 뛰어난 이는 고을급에서 뛰어난 이를 벗 삼는다. 한 나라에서 뛰어난 이는 나라급에서 뛰어난 이를 벗 삼는다. 천하에서 뛰어난 이는 천하급에서 뛰어난 이를 벗 삼는다. 이것으로도 부족하게 되면, 위로 옛사람을 논구해 본다. 그의 시를 읊조리고 그의 글을 읽음에도 그 사람을 모른다는 것이 가능하겠는가? 그래서 그 시대를 논해 보는 것이니 이것이 거슬러 올라가 옛사람을 벗 삼는다는 것이다.

> 一鄉之善士, 斯友一鄉之善士. 一國之善士, 斯友一國之善士. 天下之善士, 斯友天下之善士. 以友天下之善士, 爲未足, 又尚論古之人. 頌其詩, 讀其書, 不知其人, 可乎. 是以, 論其世也, 是尚友也.
>
> _「만장 하」

여기에는 벗이 자신의 성장에 도움이 되어야 한다는 관념이 강하게 드러나 있다. 그냥 성장이 아니라 고을이면 고을에서 최고로 성장하는 데, 나라면 나라에서 최고로 성장하는 데, 천하면 천하에서 최고로 성장하는 데 도움이 되도록 벗할 줄 알아야 한다는 관점이다. 게다가 벗은 살아 있는 동시대 사람들과만 맺을 수 있다고 제한하지도 않았다. 이미 고인이 된 자라 할지라도 그들의 글이 남아 있는 만큼, 그리고 글은 글쓴이 그 자체이기에 글을 통해 충분히 옛사람의 사람됨을, 또 그들의 지혜와 경륜을 접할 수 있다고 보았다. 그래서 지금 천하에서 최고와 벗했는데도 부족함이 느껴지면 지난 시절, 그때의 천하에서 최고인 이들과 글을 매개로 벗할 줄 알아야 한다고 했다. 이를 맹자는 '상우(尙友)'라고 표현했다. 여기서 상(尙)은 위라는 뜻의 상(上)과 통해, 상우는 역사를 위로 거슬러 올라가 벗한다는 뜻이 된다. 역사를 뒤져 이미 고인이 된 당시 최고의 인물들과 벗할 수 있을 정도로, 벗은 철저하게 자신의 성장을 위하여 사귈 줄 알아야 한다는 주문이었다.

한편 자신의 성장을 위해서는 시간이라는 두터운 벽만 가로지를 수 있으면 되는 것이 아니었다. 맹자는 신분의 벽도 가로지를 수 있어야 한다고 주장했다. 그는 맹헌자를 예로 들어 이 점을 설파했다. 맹헌자는 전차를 백 대나 지닌 권세 높은 대부였음에도 그가 사귄 이들은 그 이름을 주위에서 들어보지 못했을 정도로 한미했다고 한다. 그들이 사귈 때에는 맹헌자도 자신이 권세 있는 대부라는 사실을 잊었고 그의 벗들도 마찬가지였다고 한다. 맹자는 이는 큰 나라의 군주에게도 해당하는 점이라고 강조했다. 당시 여러 제후국 중에서 국세가 컸던 진나라의 평공은 군주임에도 평민인 해당이라는 벗과 사귈 적에는 제후의 신분을 잊고 거친 밥과 나물국을 배불리 나눠 먹으면서 함께 노닐었으니 벗 관계는 이처럼 평민과 군주라는 신분도 너끈히 초월할 수 있다고 보았다. 제후급의 군주뿐만이 아니었다. 맹자는 천자가 필부를 사귈 때도 마찬가지였다며, 옛적 요임금이 순을 발탁하여 만났을 때 요임금은 순을 천자와 신하 관계가 아니라 벗으로 대했으니 천자라 할지라도 필부를 벗으로 대할 줄 알아야 한다고 하였다.

벗함에는 시간도 신분 질서도 가로지를 수 없는 장애가 되지 못했음이다. 다만 맹자는 벗함에도 최소한의 도덕은 필요하다고 보았다. 교제는 어떠한 마음으로 해야 하는가라는 제자의 물음에 맹자는 공손한 마음으로 해야 한다고 답하고는 뒤이어 도로써 교제하고 예로써 교류해야 한다고 당부했다. 공자가 글로써 벗한다고 한 정신과 일맥상통하는 관점이다. 맹자는 이렇게 도덕을 기반으로 하는 벗함이 이루어졌을 때 서로에게 도움이 되는 관계로서의 벗이라는 지향이 한층 명실상부하게 이루어진다고 여겼다.

:: 같이함, 벗함의 근거

그런데 벗을 서로에게 도움이 되는지를 따져 사귀는 것만이 아님을 우리는 경험을 통해 익히 알고 있다. 저 옛날이라고 하여 다를 바는 없었다. 공자가 『논어』

첫 단락에서 "벗이 멀리서부터 오면 또한 즐겁지 아니한가!"[45]라며 벗을 즐거움과 연동했을 때, 그 즐거운 까닭이 비단 벗이 내게 도움이 되어서만은 아니었을 것이다. 당연히 도움이 되기에 즐겁기도 하겠지만, 뜻을 같이하기에 즐거울 수도 있고, 마음이 같기에, 지향하는 도나 덕이 같기에 즐거울 수도 있고, 즐기는 바가 같기에 즐거울 수도 있다. 무언가를 공유하고 있기에 설령 도움이 되지 않아도 그 자체로 즐거울 수 있다는 얘기다.

벗에 해당하는 한자어는 붕우(朋友)다. 붕과 우 모두 우리말로는 벗이라는 뜻이지만 붕은 본래 동문을 가리키고 우는 동지를 가리켰다. 곧 스승을 같이한 관계를 붕이라고 하고 뜻을 같이한 관계를 우라고 했다. 그런데 현실적으로 한 스승 아래에서 공부하면 뜻을 같이할 가능성이 높으므로 붕우는 뜻을 같이한, 곧 동지를 가리킨다고 할 수 있다.

> 나란히 서면 즐겁고 서로의 아래에 있더라도 싫어하지 않는다. 오랫동안 만나지 못해도 들리는 소문 따위를 믿지 않는다. 행위는 반듯함에 뿌리 두며 뜻을 세움이 같으면 함께 나아가고 같지 않으면 물러난다. 벗함도 이와 같다.

> 並立則樂, 相下不厭. 久不相見聞流言不信. 其行本方立義, 同而進, 不同而退. 其交友有如此者.
>
> _『예기』「유행」

『예기』는 유가의 주요 경전이다. 여기서 동지, 그러니까 뜻을 세움이 같다는 것은 바라보는 방향을 같이함을 의미한다. 따라서 나아가고자 하는 길을 같이한다는 뜻에서 길 '도(道)' 자를 써서 '동도(同道)', 곧 도를 같이함이라고 표현해도 무방하다. 또한 내가 어떠한 뜻을 지니고 있다고 함은 그러한 마음을 품고 있다는 의미이기에, 다시 말해 뜻과 마음은 서로 바꾸어 쓸 수 있으므로 동지는 '동심(同心)', 곧 '마음을 같이함'이라고 이해할 수도 있다. 공자가 참된 우정을 가리켜 '금란지교(金蘭之交)', 그러니까 "군자의 도는 나아가거나 머물거나 침묵하거나 말하거나 늘 두 사람이 마음을 같이하니 그 예리함은 쇠를 끊어 낸다. 마음을 같이하여 하는 말은 향기가 난초와 같다"[46]라고 한 것도 벗은 마음의 벗, '심우(心友)'이기도 하기에 가능했던 얘기다. '동지로서의 벗'은 이렇게 '동도로서의 벗'이자 '동심으로서의 벗'이기도 했다.

동지나 동심으로서의 벗 외에 '동덕(同德)', 그러니까 덕을 같이하는 벗이라는 관념도 있었다. "사귐은 덕으로써 하는 것"이라는 관념이 적어도 맹자의 시대부터는 어엿하게 형성되어 있었다. 이를 맹자는 "그 사람의 덕을 벗하다"는 뜻에서 "우기덕(友其德)"이라고 표현하였다. 맹자는 벗함에 대하여 묻는 제자에게 "나이 많음을 고려하지 않고 신분의 귀함을 고려하지 않으며 잘나가는 형제의 유무를 고려하지 않고서 벗하는 것이니 벗함은 그 덕을 벗하는 것이다"[47]라고 답했다. 덕을 같이하는 벗이라는 뜻의 '덕우(德友)'라는 표현이 이로부터 비롯되었는데, 자신이 최고로 성장하는 데 도움이 되는 벗만이 참된 벗이 아니라 덕을 같이하는 이도 참된 벗이 될 수 있음을 일러 준 셈이다. 그런데 덕을 같이하는 이가 참된 벗이라는 관점은 맹자가 속한 유가와 사사건건 각을 세웠던 장자도 공통적으로 지니고 있었다.

물론 장자는 도가답게 벗에 관한 사유에서도 유가와 사뭇 다른 관점을 지니고 있었다. 가령 장자에게서는 "벗은 도움이 되는 존재다"와 같은 관념은 발견되지 않는다. 대신 벗은 더불어 자연의 도를 실천하는 도반(道伴)의 성격이 강했다. 벗함의 근거로 제시한 동덕에 대한 이해도 마찬가지다. 겉으로는 유가와 마찬가지로 덕을 벗함의 기반으로 제시했지만 덕의 내용은 유가의 그것과는 달랐다. 단적으로 맹자가 말한 덕은 유가에서 존중하는 성인들이 밝혀 놓은 윤리적 지향과 연관된 덕목을 가리킨다. 어짊이나 의로움, 예의, 지혜, 미더움 등이 그것이다. 이에 비해 장자가 말한 덕은 자연에 동화된, "모든 인위를 끊어 내고 자연처럼 산다"는 무위자연이라는 도를 행할 줄 아는 덕을 가리킨다. 아무것도 하지 않음을 한다든지, 아무 일도 일삼지 않음을 일삼을 줄 아는 역량을 가리킨다. 장자는 이러한 덕을 공유하는 이들 사이의 사귐을 역시 참된 우정 하면 널리 언급되곤 하는 사자성어인 '막역지우(莫逆之友)', 그러니까 "마음에 거슬림이 없는 사귐"이라고 칭했다. 덕을 같이하기에 마음에 거슬림이 없는 벗이 될 수 있었음이다.

한편 맹자의 시대 사람들은 벗과 즐거움을 곧잘 연동하여 사유했다. 공자의 "벗이 멀리서부터 오면 또한 즐겁지 아니한가?"나 "자기 벗을 즐거워하고 그의 도를 믿는다"[48] 같은 언급이 대표적 예다. 여기서 벗을 즐거워한다고 함에는 벗과 즐거움을 함께한다는 뜻도 포함되어 있다. 이는 벗을 "즐거움을 함께하는" 존재로 인식했음을 시사해 준다. 곧 '동락(同樂)'으로서의 벗이라는 관념이 실재했다는 것이다. 여기서 즐거움을 함께한다고 했을 때 동락의 실제는 "즐기는 바를 같이하다"이기도 하다. 그런데 공자나 맹자 같은 유가들이 동일하게 즐기는 바는 성현의 도나 덕이었다. 선함을 권계하고 어짊을 보완해 줌으로써 서로에게 도움이 되는 존재인 벗은 바로 그러한 도와 덕을 갖추고 있는 존재다. 그래서 "방향을 함께하면서 사귐은 도로써 하는 것이며, 방향을 함께하지 않음에도 사귀는 것은 다른 의도로써 하는 것이다. 즐거움을 공유하며 사귐은 덕으로써 하는 것이며, 즐거움을 공유하지 않음에도 사귐은 무언가 꿍꿍이가 있는 것이다"[49]라는 언급에서처럼 동락으로서의 벗은 동도로서의 벗이나 동덕으로서의 벗과 통한다. 동지로서의 벗을 뜻하는 붕우는 이처럼 그 같이하는 바가 무엇이냐에 따라 동도, 동심, 동덕 그리고 동락으로서의 벗이기도 했음이다.

:: '공적 우정'이라는 화두

공자가 『논어』에서 벗에 대하여 스무 차례 가깝게 언급하고 맹자가 상우론, 동덕론을 펼치며 벗을 주요하게 담론했음은 벗이 그만큼 중요한 문명의 화두였음을 시사해 준다. 비단 공자나 맹자 시대만 그러했음이 아니다. 맹자가 참된 벗으로 제시한 나를 최고로 견인해 줄 수 있는 벗, 덕을 같이하는 벗, 시대를 가로지르고 신분을 초월하여 맺는 벗에 대한 논의는 오늘날에도 그 의미가 크다. 공자나 맹자 모두 기본적으로 군자, 그러니까 관리가 되고자 하는 이들에게 벗함에 대해 논했기 때문이다. 곧 우정을 사적 차원이 아닌 공적 차원에서 다루었다는 것이다. 사적 우정이 아닌 공적 우정을 기본 전제로 하여 벗에 대해 담론했음이다. 그런데 공적 우정은 실은 저 옛날에는 오히려 그것이 벗함의 기본값이었다. 이를테면 참된 우정의 표상으로 운위되는 관포지교(管鮑之交)가 본래는 공적 우정의 표본이었다.

관포지교는 관중과 포숙아의 막역한 우정을 가리킨다. 이 둘은 공자보다도 선배 세대로 이들의 사귐이 참된 우정의 표본인 양 널리 알려진 계기는 서기전 1세기경 사마천이 『사기』란 역사책에서 관중의 전기를 집필하면서부터이다. 사마천은 관중의 전기에서 이 둘은 젊어서부터 절친이었다면서 이 둘 사이에 있었던 일화를 소개했다. 둘이 함께 사업을 했는데 이윤

···· 흔들리지 않는 삶

이 나자 그 대부분을 관중이 가져갔다. 그런데 포숙아는 관중이 빈한해서 그런 것이라며 이를 문제 삼지 않았다. 포숙아는 대대로 권세 높던 귀족 가문의 후예였다. 당시 귀족 가문에게는 관리 추천권이 있었다. 하여 포숙아는 관중을 몇 차례 관직에 추천했지만 관중은 얼마 버티지 않고 미관말직에 불과하다면서 그만두었다. 벗의 신의를 저버리고 벗의 얼굴에 찬물을 끼얹은 것이다. 그러함에도 포숙아는 하늘이 관중에게 때를 주지 않아서 생긴 일이라면서 역시 불문에 부쳤다. 관중이 전쟁에 몇 차례 징발되었다. 그런데 막상 전투가 벌어지면 관중은 도망쳐 나오기 일쑤였다. 국가 사회에 대한 충성심이 옅었음이다. 그러함에도 포숙아는 관중은 모셔야 하는 노모가 있어서 그랬다면서 이 또한 문제 삼지 않았다. 당시 전장에서 목숨을 잃은 병사들 가운데 노모가 있는 이들이 적지 않았을 터임에도 말이다.

이렇듯 제3자로서는 이해되지 않는 상황이 벌어졌음에도 벗 사이에는 서로의 허물을 감싸 줄 줄 아는 사귐이 참된 우정의 표상으로 추켜세워졌다. 그러나 사마천보다 앞선 시기의 역사 기록을 보면 관중과 포숙아의 우정은 그러한 사적 우정과는 아무 관계가 없었다. 당시 이 둘의 조국 제나라는 군주가 정치를 심각하게 망가뜨려 놓아 당장 결딴이 나도 이상할 것 없는 상태였다. 이때 관중과 포숙아는 조국의 미래를 기획한다. 차기 군주 후보 중에서 군주로서의 자질이 출중한 이를 가려 뽑아 각각 한 명씩을 보필하여 미래를 도모하기로 한다. 하여 각각 한 명씩을 모시고 다른 나라로 망명하여 미래를 대비하였다. 세월이 흘러 제나라에서는 큰 정변이 일어났고 이에 포숙아가 먼저 제나라로 들어와 자신이 보필하던 이를 군주 자리에 올렸다. 이가 바로 춘추시대 최초의 패자가 되었던 환공이다. 뒤이어 포숙아는 다른 나라에 있던 관중을 빼내 와 환공을 보필하게 했다. 환공과 관중의 짝이 완성된 것이다. 이 둘은 몇 년이 안 되어 제나라를 중국 최고의 강국으로 탈바꿈시켰고 이후 40여 년에 걸쳐 패권국으로서 중국을 호령하게 된다.

관포지교는 이렇듯 역량 있는 젊은이들이 조국의 밝은 미래 건설을 위해 의기투합한 후 갖은 곡절과 역경을 극복하여 조국의 미래를 밝게 건설해 냈다는 서사가 핵심인 사귐이었다. 이렇게 공적 차원에서 맺었던 사귐이었기 때문에 이 둘의 우정은 벗함의 표본으로 추켜세워질 수 있었다. 공자나 맹자가 군자, 그러니까 공적 존재가 되고자 하는 이들을 대상으로 벗을 논한 것처럼 당시는 사적 우정이 아니라 공적 우정이 기본으로 전제되어 있었기 때문이다. 이를 사마천이 사적 우정 위주로 변주했을 따름이다. 하여 다시 공적 우정이라는 화두를 부여잡을 필요가 있다. 벗은 혈연관계가 아닌 이들 사이에서 맺어지는 관계 중에서 가장 널리 형성되는 사회적 관계이다. 따라서 벗함은 공적 우정을 기반으로 이루어질 필요가 있다. 사적 우정이 잘못이라거나 배척해야 할 바라는 얘기가 아니다. 사회적

···· 흔들리지 않는 삶

관계는 공적일 때가 많으므로 사적 우정만을 앞세우면 공적 이해관계를 관철하는 데 지장을 받을 수도 있다. 학연이나 지연 등으로 맺어진 벗이 사적 이해관계로 흘러 적폐로 지탄받는 일처럼 말이다. 이러한 점에서 공자나 맹자의 벗 담론은 지금 우리에게도 여전히 의미 깊다고 할 수 있다.

맹자의 벗 담론에서 길어 낼 수 있는 참된 벗이란 이렇듯 공적 우정을 행할 수 있는 벗이다. 자신을 최고로 견인시켜 줄 수 있는 벗을 사귄다고 할 때 이 또한 공적 지향을 가져야 비로소 참된 벗하기라고 할 수 있다. 자신의 개인적이고 이기적 이해관계를 위해 그러한 벗을 찾아 사귄다면 참된 벗하기, 참된 우정이라고 하기는 어려울 것이다. 뜻이나 마음, 지향하는 도나 덕을 또 즐거워하는 바를 같이하는 벗을 사귐 또한 마찬가지다. 결국 맹자에게 참된 벗을 사귈 줄 안다는 것은 공적 우정을 펼쳐 낼 수 있다는 말의 다른 표현이었던 것이다.

나이듦과
똑바로 마주하기

하루는 도연명에게 장난기가 발동되었다. 자기가 혼백이 되었을 때를 상상해 보는 것이었다. 도연명은 이백, 두보에 버금갈 정도로 시인으로 이름이 높았던 인물로 종종 곱씹어 볼 만한 화두를 시에 담아 툭툭 던지기도 하였다.

:: 바른 죽음, 그렇지 못한 죽음

다음은 혼백이 된 도연명의 말이다. 사람들이 분주히 움직였다. 내 빈소를 차리는 중이었다. 혼백이 된 나는 빈소 중앙의 시신이 담긴 관을 가려 놓은 병풍 앞에 자리 잡았다. 제수가 풍성하게 차려졌다. 친척, 벗들이 하나둘씩 병풍 앞으로 오더니 곡을 했다. 처연하기 그지없었으나 내

처지가 더 서글펐다. 생전에 그리도 양껏 마시고팠던 술을 오는 조문객마다 내게 따라 주는데 나는 정작 마실 수 없었으니 말이다. 눈앞에 차려진 갖은 음식도 마찬가지였다. 그렇게 하루가 가고 이틀이 갔다. 이제 내 육신이 땅속에 영원히 묻힐 시간이 다가오고 있다. 발인 날, 친척과 벗들이 장지까지 따라와 영별을 아쉬워해 주었다. 내 육신 위로는 흙이 덮이기 시작했다. 이제 지상의 빛하곤 영영 이별이다. 내 육신은 땅강아지들이 파먹을 것이요, 돌이 등판에 배겨도 꼼짝 못하리. 그렇게 이승과 영원히 결별하리라.

　이상은 도연명이 지은 「의만가사」라는 제목의 연작시 3수를 토대로 재구성해 본 내용이다. '의만가사'는 '만가를 본뜬 노래'라는 뜻이고, 만가는 상여가 나갈 때 부르던 장송곡을 가리킨다. 총 3수로 이루어진 연작시 중 한 편을 소개한다.

전에는 마실 술이 없었지만　　　　　　在昔無酒飮,

지금은 빈 잔마다 가득하다.　　　　　今旦湛空觴.

봄에 빚은 술은 익어 가는데　　　　　春醪生浮蟻,

언제 다시 맛볼 수 있으려나.　　　　　何時更能嘗.

주안상 내 앞에 가득하고　　　　　　看案盈我前,

벗들은 내 곁서 곡을 한다.　　　　　　親舊哭我傍.

말하려 해도 입에선 소리 안 나고　　欲語口無音,

보려 해도 눈에는 빛이 없다.　　　　欲視眼無光.

전에는 화려한 집에서 잤지만   昔在高堂寢,

이제는 황량한 풀밭서 묵는다.   今宿荒草鄕.

하루아침에 집을 떠나   一朝出門去,

시원으로 돌아오니 참으로 끝없는 세계다.   歸來夜未央.

_도연명, 「의만가사」 중 제2수

도연명은 자기가 망자가 됐을 때를 가정하여 이런 식으로 자기 빈소의 정경을, 자기가 묻힐 무덤가의 풍경을 읊었다. 도연명만 아니라 비슷한 시대를 살았던 육기라는 선배 문인도 비슷한 식으로 자신의 죽음 이후의 상황을 상상하여 읊었다.

산 사람은 갔다가도 돌아올 날 있건만   人往有反歲,

나에겐 떠나가서 돌아올 날 없다.   我行無歸年.

전에는 사농공상들과 기거했지만   昔居四民宅,

이제는 온갖 귀신들과 이웃이다.   今託萬鬼鄰.

이전엔 일곱 자의 체구였으나   昔爲七尺軀,

이제는 썩어져 진토가 된다.   今成灰與塵.

평소엔 금과 옥을 차고 다녔으나   金玉素所佩,

이제는 기러기 털도 떨궈 내지 못한다.   鴻毛今不振.

풍만했던 살집은 땅강아지, 개미의 먹이   豐肌饗螻蟻,

아름다운 자태는 영구히 물러져 사라지리.   妍姿永夷泯.

_육기, 「만가」 중 제3수

…… 흔들리지 않는 삶

장난기가 섞였든 정색하고 죽음 이후를 상상했든 간에 이러한 상상 내지 사고실험은 죽음을 삶에서 도외시하지 않고 삶 가까이에 두고 더불어 지냈음을 시사해 준다. 피한다고 피할 수 있는 것이 아니라면 죽음을 어떤 방식으로든 정시하는 것이 어쩌면 더욱 지혜로운 태도일 수도 있다. 하여 맹자는 죽음을 이러한 식으로 정시하였다.

자신의 도리를 다하고 죽음을 일러 정명(正命)이라고 한다.

盡其道而死者正命也.

_ 「진심 상」

죽음에 임할 때까지 자신의 도리를 다하고 죽음이 주어진 명을 바르게 하는 것이라는 뜻이다. 맹자도 당시 대부분의 사람처럼 주어진 명이란 것이 있다고 믿었다. 이를 천명이라고도 하는데, 그 명을 맞이하는 순간까지 자신의 도리를 다함, 곧 도덕적으로 최선을 다함을 천명에 온전하게 부응하여 맞이한 죽음, 곧 바른 죽음으로 본 것이다. 달리 말하자면 제명대로 온전하게 살다가 맞이한 죽음이라는 뜻이다. 맹자는 사람은 모름지기 이러한 바른 죽음을 맞이해야 한다고 보았다. 그래서 명을 아는 자는 무너질 가능성이 큰 담장 밑에 서지 않음으로써 사고사를 피한다고 하였고, 형벌을 받아 죽는 것을 바르지 못한 죽음이라며 경계하였다.

역시 도덕적 원리주의자다운 말이다. 그런데 맹자가 죽음을 이렇게 정시했음에서 적어도 두 가지 의미를 추출해 볼 수 있다. 하나는 늙음을 정시했다는 것이고 다른 하나는 명, 곧 천명을 정시했다는 것이다. 늙음이나 천명도 죽음처럼 피한다고 피할 수 있는 것이 아니라면 그들을 정시하는 것, 마치 벗과 지내듯이 그들을 일상에서 함께하는 것이 한층 지혜로운 삶일 수 있다는 태도였다.

:: 수신하며 천명을 기다리는 삶

명은 맹자의 주요 관심사 가운데 하나였다. 그는 명을 하늘이 인간에게 부여한 것이라는 점에서 천명이라고 불렀다. 맹자는 공자의 손자인 자사의 학문을 익혔는데, 훗날 성리학자들은 자사가 사서의 하나인 『중용』을 저술했다고 믿었다. 이 책의 첫머리에는 이러한 말이 실려 있다.

> 천명을 일러 성(性)이라 하고, 성을 따르는 것을 일러 도(道)라 하며, 도를 닦는 것을 일러 교(敎, 가르침)라고 한다.

> 天命之謂性 率性之謂道 脩道之謂敎.

맹자도 천명을 인간이 태어날 때 신분 고하를 불문하고 다 타고난다고 보았다. 그렇기에 천명은 사람이 어찌할 수 있는 것이 아닌, 못하게 해도 이루어지고 못 오게 해도 결국은 닥치게 되는 것이라고 설명했다. 그렇기 때문에 사람에게 중요한 것은 자신의 마음을 잘 살펴 태어날 때 타고난 성, 곧 본성을 잘 아는 것이라고 보았다. 본성이 있는 곳이 바로 마음이므로 마음을 잘 살펴야 본성도 살필 수 있게 되고, 본성을 잘 알게 되면 그 본성이 유래한 원천인 하늘을 잘 알게 되어 천명을 몰라 시행착오를 겪는 일을 미연에 막을 수 있기 때문이다. 이를 맹자는 이렇게 서술했다.

> 자신의 타고난 마음을 다 발휘할 수 있으면 자신의 성을 알게 된다. 자신의 성을 알게 되면 하늘을 알게 된다. 자신의 타고난 마음을 보존하고 자신의 성을 기르는 것이 하늘을 섬기는 것이고 요절과 장수가 다르지 않다고 여기며 수신하여 명을 기다리는 것이 입명(立命), 곧 명을 세우는 것이다.
>
> 盡其心者, 知其性也. 知其性, 則知天矣. 存其心, 養其性, 所以事天也. 殀壽不貳, 修身以俟之, 所以立命也.
>
> _「진심 상」

나는 명이 짧은가, 아니면 장수할 것인가에 신경 쓰지 말고 그 명이 발원하는 하늘을 이해하는 것이 월등히 나은 선택이라는 애기다. 천명, 그러니까 하늘의 뜻을 이해하고 그 뜻대로 자신의 도리를 끝까지 다하는 삶을 사는 것이 현명한 삶의 방식이라는 뜻이다. 천명에 순응할 것인가, 아니면 천명을 거부하고 천명에 맞서는 삶을 살 것인가와 같은 양자택일 식의 태도는 맹자가 보기에 무의미했다. 인정할 것은 인정해야 하는 법이니 사람은 아무리 날고 긴다고 해도 하늘의 뜻을 온전히 다 알지는 못한다. 다만 하늘의 원리를 통해 하늘의 뜻을 가늠할 수는 있다. 그렇게 가늠할 수 있는 하늘의 뜻을 최대치로 파악하고자 노력하면서, 그렇게 자신의 도리를 끝까지 다하면서 천명을 기다리는 삶이 천명을 세우는, 곧 천명에 부응하는 삶이라는 것이다. 그래서 맹자는 인간의 후천적, 인위적 노력을 통해 알 수 있는 것을 중시했다.

> 입이 맛에 반응하고 눈이 빛깔에 반응하며, 귀가 소리에 반응하고 코가 냄새에 반응하며 손발이 편안함에 반응하는 것을 성(性)이라고 하나 여기에는 명(命)이 들어 있기에 군자는 이를 성이라고 일컫지 않는다. 어짊이 부자간에 베풀어지고 의로움이 군신 간에 적용되며, 예의가 손님과 주인 사이에 지켜지고 지혜가 현명한 이들에게서 밝혀지며 성인이 하늘의 도를 행함을 명이라고 하나 여기에는 성이 들어 있기에 군자는 이를 명이라 일컫지 않는다.

口之於味也, 目之於色也, 耳之於聲也, 鼻之於臭也, 四肢於安佚也, 性也, 有命焉, 君子不謂性也. 仁之於父子也, 義之於君臣也, 禮之於賓主也, 智之於賢者也, 聖人之於天道也, 命也, 有性焉, 君子不謂命也.

_「진심 하」

명과 성은 동전 하나의 양면과 같은 관계이다. 본래 하나이지만 어느 쪽에서 바라보느냐에 따라 두 가지로의 구분이 가능해서 각각 명과 성이라고 명명한 것이다. 다시 말해 하늘로부터 발원되었다는 측면에서 보면 명이고 그것이 인간에게 내장되어 있다는 측면에서 보면 성인 것이다. 그런데 이 둘은 본래는 하나이지만 둘 사이에 차이가 존재한다. 명에 속한 것은 내 의지나 행위와 무관하게 일어나는 반면 성에 속한 것은 내 의지나 행위가 개입되어야 비로소 실현된다는 점이 그것이다. 입이 좋은 맛에, 눈이 아름다운 빛깔에, 귀가 멋진 소리에, 코가 향긋한 내음에 반응하는 것은 내 의지나 행위와 무관하다. 하지만 어젊이 부자 사이에, 의로움이 군신 간에, 예의가 손님과 주인 사이에서 구현되고, 지혜가 현명한 이에게서, 천도가 성인에게서 밝혀지는 건 내 의지가 있고 행위로 이어져야 비로소 실현된다.

하여 맹자는 인간의 노력을 통해 할 수 있는 것에 방점을 찍었다. 의지가 있어도 어찌할 수 없는 명이 아니라 의지를 가지면 너끈히 행할 수 있는 성을 우선하였다. 군자는 어젊, 의로

움, 예의, 지혜 같은 덕목을 명이라고 하지 않고 성이라고 부른
다고 한 까닭이다. 좋은 맛, 아름다운 빛깔, 멋진 소리, 향긋한
내음, 편안함 등은 입, 눈, 귀, 코, 손발이 저절로 그것에 반응
하니 의식적으로 추구할 필요가 없어도 실현되는 데 반해 인의
예지는 나의 의지와 무관하게 실현되는 것이 아니라 내가 의도
했을 때 비로소 실현되기에 그러하다. 명, 그러니까 천명은 그
래서 도리를 다하면서 기다릴 수밖에 없으니, 명이 찾아오기까
지 인간이 해야 하는 바는 타고난 성, 곧 선한 바의 본성을 다
하는 것, 수신이라는 것이다. 이것이 "입명(立命)", 곧 자신에게
주어진 천명을 세우는 것이요, "정명(正命)", 곧 자기 도리를 다
하고 온전히 맞이하는 천명인 것이다.

:: 늙음을 정시하다

천명을 세워 가며 살아가는 과정에
서 사람은 누구나 늙음을 피해 갈 수 없다. 자신의 도리를 다하
며 죽음을 맞이함은 그렇기에 늙음도 자신의 도리를 다하면서
맞이한다는 뜻이 된다. 죽음을 도덕적 실천을 기반으로 정시하
는 것처럼 늙음도 그렇게 정시한다는 것이다.
　사실 『맹자』에서 추출할 수 있는 늙음 내지 노년에 대한 사
유는 이것이 전부이다. 늙음이나 노년 자체에 대하여 맹자가

담론한 것은 없고, 그와 관련된 사유를 추출해 볼 수 있는 것도 이외에는 없다. 다만 맹자는 노인에 대한 관심이 컸다. 그의 노인에 대한 관심을 한 문장으로 개괄하면 "노인 봉양을 잘해야 한다"이다. 옛적 백이와 숙제라는 형제가 있었다. 이 둘은 고죽국이라는 나라의 제후 아들이었다. 백이가 맏이이고 숙제가 셋째였다. 이 둘의 부친, 그러니까 고죽국의 제후는 자신의 자리를 맏이가 아닌 셋째에게 물려주고 싶어 했다. 평소에 이를 익히 알고 있었던 맏이 백이는 부친이 돌아가시자 제후 자리를 셋째 숙제에게 양보하고는 몰래 고국을 벗어났다. 그런데 숙제도 맏이가 양보한 제후 자리를 받을 수 없다며 마다하고는 역시 고국을 떠나왔다. 그렇게 다시 만나게 된 형제는 서쪽 주나라의 서백이라는 제후가 노인을 잘 공양한다는 얘기를 듣고는 그곳으로 가서 여생을 의탁하고자 했다.

지금 우리의 감각으로는 제후 자리를 마다하고 나와 고작 노인 봉양을 잘한다는 이유로 남의 나라에 가서 남은 생을 기탁하려 하는 이들의 행위가 도무지 이해되지 않는다. 맹자의 시대에도 이러한 의문이 있었던 듯하다. 이에 맹자는 이렇게 답했다.

150평가량의 택지에 담장 밑에 뽕나무를 심어 아낙이 누에를 친다면 노인은 비단옷을 입을 수 있게 된다. 암탉 다섯 마리와 암퇘지 두 마리를 새끼 칠 때를 놓치지 않고 기른다면 노인들은 고기를 거르지 않고 너끈히 먹을 수 있게 된다. 1,500여 평의 농지를 농부 한 명이 경작하면 여덟 식구가 족히 굶주리지 않을 것이다. 이른바 서백이 노인을 잘 봉양하였다는 것은 경지와 주택의 제도를 제정하고, 그들에게 뽕나무를 심고 가축을 기르도록 가르치며, 그들의 처자를 인도하여 그들의 노인을 봉양하도록 한 것이다. 나이 오십이 되면 비단옷이 아니면 따뜻하지 않고, 나이 칠십이 되면 고기가 아니면 배부르지 않다. 따뜻하지 않고 배가 부르지 않으면 이를 일러 춥고 굶주린다고 한다. 서백의 백성 중에는 춥고 굶주린 노인이 없었다는 것은 이를 말한 것이다.

五畝之宅, 樹墻下以桑, 匹婦蠶之, 則老者足以衣帛矣. 五母鷄二母彘, 無失其時, 老者足以無失肉矣. 白畝之田, 匹夫耕之, 八口之家可以無饑矣. 所謂西伯, 善養老者, 制其田里, 敎之樹畜, 導其妻子, 使養其老. 五十非帛不煖, 七十非肉不飽, 不煖不飽, 謂之凍餒. 文王之民, 無凍餒之老者, 此之謂也.

_「진심 상」

노인을 잘 봉양한다고 함은 이처럼 백성이 흉년이 들어도 기본적 생활이 가능하도록 관련 제도가 잘 구비되었음을 입증해 주는 징표였다. 한마디로 나라가 백성이 안정적 삶을 지속 가능하도록 보장해 주고 있음의 확실한 증거였다. 그래서 백이와 숙제는 아무런 주저함도 없이 주나라 서백, 그러니까 훗날의 문왕에게로 가 그에게 귀의하고자 했음이다.

그런데 이러한 맹자의 답변을 보면 맹자가 노인에 대해 섬세한 눈길을 보냈음을 알 수 있다. 나이 오십이 되면 비단옷을 입지 않으면 추위를 막을 수 없고, 칠십이 되면 고기를 먹지 않으면 허기를 면할 수 없다는 대목에서 그러한 눈길을 읽어 낼 수 있다. 이는 저 옛날에만 그러했던 것이 아니다. 사람인 한 언제 어디서든 늘 그래 왔다. 나이가 들면서 활력이 떨어지면 비단옷처럼 촘촘하게 짜인 옷감이 아니면 추위를 쉬 타게 마련이고, 육류와 같은 단백질이 보충되지 않으면 그나마 있는 활력조차도 유지하기 힘든 게 우리 사람의 엄연한 형편이다. 비단옷을 운운하고 고기반찬을 운위한 것은 윤택하다고 할 수 있는 수준으로 백성의 생활을 유지해 주어야 한다는 뜻이 결코 아니었다. 이는 맹자가 노년의 삶의 실제를 섬세하게 바라보고 읽어 낸 결과였다. 그만큼 맹자가 노인에 대해 또 노년의 삶에 대해 주목했음을 일러 주는 대목이다.

따라서 비록 늙음, 노년에 대한 맹자의 인식을 엿볼 수 있는 대목이 한 군데에 지나지 않더라도 이를 통해 맹자가 늙음에 대하여 숙고했을 가능성이 높음을 확인할 수 있다. 다만 그 결과가 『맹자』에는 자신의 도리를 다하면서 죽음을 정시하는 것이 바른 죽음이라고 한 것처럼 늙음도 자신의 도리를 다하면서 정시하는 것이 바른 길이라는 통찰로 제시되고 말았을 따름이다.

:: 그 나이답게 사는 삶

맹자는 나이 마흔에 흔들리지 않는 마음, 곧 부동심을 지니게 되었고 이를 평생 지속했음을 시사했다. 노년을 그러한 부동심으로 맞이하고 보냈다는 것이다. 그리고 앞서 말한 것처럼 자신의 도리를 다하면서, 곧 수신을 하면서 늙음과 죽음을 맞이했다. 이렇게 보면 맹자는 마흔 살 이후의 삶, 곧 중년이나 노년이나 한결같은 기초 위에 맞이하고 살아갔다고 보인다. 맹자에게 그 나이다운 삶은 연령대가 어떻게 되든 그와 무관하게 자신의 도리를 다하면서, 그렇게 수신하면서 천명을 기다리는 삶이었다.

이는 스승 공자와 자못 다른 접근법이었다. 공자는 주지하듯이 연령대별로 그 나이다운 삶을 제시했고 청년, 중년, 노년 식으로 구분해서 각각의 연령대다운 삶을 제시했다. 그에 의하면 열다섯 살에는 학문에 뜻을 두는 삶이, 서른 살에는 독립적이고 자율적 사회인으로 우뚝 서는 삶이, 마흔 살에는 미혹되지 않는 삶이, 쉰 살에는 천명을 아는 삶이, 예순 살에는 마음의 평정을 얻은 삶이, 그리고 나이 일흔에는 마음대로 행해도 도무지 법도에서 벗어나질 않는 삶이 그 나이다운 삶이었다. 또한 젊었을 적에는 혈기가 안정되지 않게 마련이니 이성을 경계하는 삶이, 중년이 되어서는 혈기가 한창때이니 싸움을 경계하는 삶이, 노년이 되면 혈기가 쇠잔해지니 물욕을 경계하

···· 흔들리지 않는 삶

는 삶이 그 나이다운 삶이었다. 이렇게 공자에게서는 섬세하게 조명되고 개진되어졌던 그 나이다운 삶이 맹자에게는 흔들리지 않는 마음으로 자신의 도리를 다하는 삶이라는 단 하나의 삶의 양상으로 단순화되었다. 도덕적 원리주의자다운 대응이었다고 할 수 있는 대목이다.

그러함에도 이는 늙음과 죽음이라는, 인간이 가장 피하고자 하고 싫어하는 대상을 자신의 도덕적 실천을 기반으로 정시하는 삶이었다는 점에서 분명 유의미한 삶이라고 할 수 있다. 살아가면서 늙음과 죽음을 정시한다는 것은 예나 지금이나 결코 쉽지 않은 일이다. 그것을 맹자는 도덕의 힘을 빌려 평생을 꾸준히 해낸 것이다. 도덕이 늙음과 죽음을 정시하는 힘을 길러 주었기에 가능했음이다.

제3부

자신의 내일을 스스로 기획하는 삶

도덕의 힘을
행사하는 자

역성혁명, 그러니까 신하가 군주를 축출하고 새로운 왕조를 개창하는 행위는 두고두고 논쟁거리가 되었다. 특히 군주가 폭정을 일삼는 폭군일 때는 더욱 그러했다. 신하가 끝까지 충성을 다하자니 폭정으로 인해 백성이 신음하는 현실을 도외시하는 잘못에 빠지게 되고, 군주를 축출하자니 아무리 폭군이어도 군주는 군주인 만큼 신하된 자가 군주를 쫓아낸다는 잘못을 범하게 된다. 사정이 이러하다 보니 역대로 폭군을 쫓아낸 역성혁명에 대한 논의가 분분할 수밖에 없었다.

:: 폭군은 일개 흉악범일 뿐

　　　　　맹자의 시대도 그러했다. 신하가 폭

군을 쫓아낸 대표적 역성혁명이 제후였던 주나라 무왕이 천자인 상나라 주왕을 축출한 사건이었다. 하루는 제나라 선왕이 맹자에게 이에 대해 물었다. 맹자가 성인의 도를, 윤리를 늘 강조하였기에 아랫사람이 윗사람에게 충을 다해야 한다는 윤리를 어긴 상나라 탕왕과 주나라 무왕의 역성혁명을 들어 맹자를 곤란에 빠뜨려 볼 심산이었다. 성인의 도에 따르면 아랫사람은 윗사람에게 충과 효 등의 윤리를 다해야 했다.

> 제나라 선왕이 물었다. "탕왕이 걸왕을 쫓아내고 무왕이 주왕을 정벌했다'고 하는데 그러한 일이 있었습니까?" 맹자가 대답했다. "전하는 글에 실려 있습니다." 선왕이 말했다. "신하가 자기 군주를 시해함이 가당합니까?" 맹자가 답했다. "어짊을 해치는 것을 일러 '해친다'라 일컫고, 의로움을 해치는 것을 일러 '모질다'라 말합니다. 모질게 해치는 사람을 일러 일개 필부라고 하니, 일개 필부를 죽였다고 들은 적은 있지만 군주를 시해했다고 들은 적은 없습니다."

> 齊宣王問曰, "'湯放桀, 武王伐紂', 有諸." 孟子對曰, "於傳有之." 曰, "臣弑其君, 可乎." 曰, "賊仁者謂之賊, 賊義者謂之殘, 殘賊之人謂之一夫, 聞誅一夫紂矣, 未聞弑君也."
> _ 「양혜왕 상」

탕왕은 하나라의 마지막 천자였던 걸왕이 폭정을 일삼자

···· 자신의 내일을 스스로 기획하는 삶

걸왕을 축출하고 상이라는 새로운 왕조를 개창한 인물이다. 무왕은 상나라의 마지막 천자였던 주왕이 걸왕과 마찬가지로 폭정을 일삼자 이를 축출하고 주나라를 제후의 나라에서 천자의 나라로 올라서게 했던 인물이다. 이 둘은 폭정으로 도탄에 빠진 천하 백성을 구제한다는 선한 동기에서 역성혁명을 일으켰지만 어찌 됐든 신하 신분으로 자기가 모시던 군주를 축출하고 시해했다는 점에서는 동일했다. 제나라 선왕은 이를 맹자에게 거론하며, 당신이 그렇게 강조하는 성인의 말씀에 의하면 아랫사람이 윗사람을 쫓아내는 일은 있어서는 안 될 일이 아니냐고 힐난한 것이다.

이에 맹자는 필부를 죽였다는 얘기는 들었어도 군주를 시해했다는 얘기는 들은 적이 없다며 단호한 어조로 반박했다. 여기서 맹자가 사용한 필부의 의미는 인용문에 분명하게 정의되어 있듯이 어짊과 의로움을 해치는 사람을 가리킨다. 필부는 일반적으로 평범한 일반 사람을 가리키는 낱말로 쓰이지만 여기서는 그러한 뜻이 아니라 도덕을 해치는 흉악한 자를 가리키는 뜻으로 사용되었다. 맹자는 천자는 하늘의 아들로 하늘이 명한 바인 윤리를 준수하는 자를 가리키지 어짊을 해하고 의로움을 해치는 자를 가리키지 않는다고 전제했다. 그러니 폭정을 일삼으며 어짊과 의로움으로 대변되는 윤리를 앞장서서 해친 폭군 걸왕이나 주왕은 실질적으로는 천자라고 볼 수 없게 된다. 그저 윤리강상을 해친 흉악범과 같은 존재일 따름이다. 맹자의 논리대로라면 걸왕이나 주왕이 축출된 것은 범죄자가 윤리를 어기면 죗값을 치르는 것처럼 응당 치러야 하는 죗값을 치렀을 따름이다. 맹자는 실질로 사람을 판단했음이다. 형식적으로는 천자라 할지라도 그 실질이 천자답지 못하다면 천자로 볼 수 없다는 태도다. 도덕적 원리주의자답게 도덕적 실질을 중시함으로써 그는 윤리적 차원에서 제기되는 역성혁명의 딜레마를 풀어냈던 셈이다.

맹자는 역성혁명에 대하여 확고한 태도를 취하고 있었다. 그는 정치를 잘못하는 사람은 군주의 자격이 없다고 보았다. 정치를 잘못하는 군주에게 당신이 정치를 잘못하면 친척인 고위 관리는 당신을 축출하고 새로운 군주를 세울 것이고, 친척 아닌 고위 관리들은 하루아침에 당신 곁을 떠나 버릴 것이라는 '발칙한' 간언도 서슴없이 하였다. 맹자는 나라에 있어, 또 정치에 있어 군주가 최상위에 자리한 존재라고 보지 않았기 때문이다.

> 백성이 귀하고 사직이 그다음이며 군주는 경미하다. 그래서 백성을 얻은 자는 천자가 되고 천자를 얻은 자는 제후가 되며 제후를 얻은 자는 대부가 된다. 제후가 사직을 위태롭게 하면 제후를 바꾸어 세운다. 희생이 완전하고 제물로 쓰인 곡식이 무결하며 때에 맞추어 제사를 지냈음에도 가뭄이 들고 홍수가 나면 사직을 바꾸어 세운다.

民爲貴, 社稷次之, 君爲輕. 是故得乎丘民而爲天子, 得乎天子爲諸侯, 得
乎諸侯爲大夫. 諸侯危社稷則變置, 犧牲旣成, 粢盛旣潔, 祭祀以時, 然而
旱乾水溢則變置社稷.

_「진심 하」

　군주가 정치를 잘못하여 사직, 그러니까 나라를 오히려 위
험에 빠뜨리면 백성은 그러한 군주를 축출하고 새 군주를 세워
야 한다는 얘기다. 백성이 가장 귀하기 때문에, 곧 높기 때문이
라는 것이다. 비단 제후급의 군주만 축출 대상에 해당함이 아
니다. 제사를 때와 예에 어긋나지 않고 잘 모셨는데도 재해가
발생한다면 아예 모시는 신도 바꾸어 세운다고 한다. 모시는
신을 바꾼다는 것은 천자가 모시는 신을 바꾼다는 뜻이기도 하
다. 따라서 신을 바꾸어 모신다고 함은 결국 천자도 바꿀 수 있
다는 뜻이 된다. 백성이 가장 높은 데다 하늘은 민심을 늘 듣
고 민심대로 행하기에, 또 "무릇 백성은 신의 주인이다. 그래서
성왕들도 먼저 백성을 온전케 한 후에 신에게 정성을 다했기"[50]
에, 백성은 너끈히 이럴 수 있는 힘을, 또 자격을 지니고 있다
는 논리다. 나아가 이는 원칙이 그렇다는 것이 아니라 실제로
일어났던 일이라고 했다. 맹자는 저 옛날 이윤이라는 재상이
탕왕의 손자인 태갑이 어질지 못하자 지방으로 추방하니 백성
들이 기뻐하였고, 태갑이 개과천선하여 어질게 되자 다시 모셔
와 천자 자리에 오르게 하니 백성들이 기뻐했던 역사적 사례를

들어 오로지 백성만이 천자라도 바꿀 수 있는 자격과 힘을 지니고 있음을 증명하기도 했다.

맹자는 이렇게 백성이 하늘을 대신하여 정치를 잘못한 군주를 축출하고 새 군주를, 또 나라를 세우는 것을 일러 '방벌(放伐)'한다고 했다. 맹자가 살았던 시대는, 비록 거의 다 허물어지긴 했어도 그래도 제도적 뼈대는 봉건제였다. 봉건제에서는 천자가 올바른 명분을 세워서 잘못한 제후나 오랑캐를 치는 것을 일러 '정벌'이라고 했다. 정벌의 '정'은 바로잡다는 뜻이고, '벌'은 토벌한다는 뜻이다. 벌은 이렇게 도덕적 정당성을 지닌 토벌에만 쓸 수 있는 글자였다. 맹자는 이를 가져와 함량 미달의 군주를 축출하고 새 군주 내지 새 나라를 세우는 역성혁명에 썼으니 역성혁명의 정당성을 강하게 표방했던 것이다.

:: 천자의 백성, 하늘의 백성

물론 맹자가 역성혁명을 덮어 놓고 정당화한 것은 아니었다. 그는 역성혁명을 수행한 탕왕이나 무왕은 성인의 경지에 오를 때까지 끊임없이 노력한 이라고 함으로써, 다시 말해 성인의 경지에 이르는 후속 노력이 뒷받침되지 않으면 역성혁명이 정당화되기 어려움을 분명히 했다. 그러나 이는 역으로 그럴 수만 있다면 역성혁명은 절대적으로 정당

···· 자신의 내일을 스스로 기획하는 삶

화된다는 관점을 품고 있다. 맹자가 이렇게 역성혁명에 단호하게 지지를 보낸 것은 맹자 스스로가 적어도 세 가지 근거를 지니고 있었기에 가능했다. 하나는 민본사상이고, 둘째는 천명사상이다. 그리고 셋째는 성선설이다.

민본주의는 맹자의 기본 사상이다. 신과 천자와 제후, 백성 가운데 백성이 가장 귀하다고 단언한 것처럼 맹자는 백성을 나라의 근간으로 삼았다. 따라서 나라의, 또 위정자의 존재 이유는 '이민(利民)', 그러니까 백성을 이롭게 하여 백성의 삶을 안정케 하는 것, 곧 '안민(安民)'에 있다고 보았다. 백성에게 흉년에도 일정한 생활이 가능하도록 필요한 제도를 갖추어야 한다는 항산론은 이러한 이민, 안민 주장의 대표적 예다.

일정한 수입이 없어도 일정한 마음을 지님은 오직 사(士)만이 가능합니다. 백성은 일정한 수입이 없으면 일정한 마음도 없어집니다. 일정한 마음이 없으면 방탕하고 괴팍하며 삿되고 과도하기를 그만두지 않을 것입니다. 그렇게 죄에 빠진 후에 쫓아가 형벌을 가한다면 이는 백성을 그물로 사냥하는 것입니다. 어찌 어진 이가 왕위에 있으면서 백성을 그물질하는 일을 할 수 있겠습니까? 그래서 밝은 임금은 백성의 수입을 제어하여 반드시 위로는 부모를 섬길 수 있게 하고 아래로는 처자식을 기를 수 있게 합니다. 풍년에는 평생 배부르게 하고 흉년에는 죽음을 면할 수 있게 해 줍니다.

無恆產而有恆心者, 惟士爲能. 若民則無恆產, 因無恆心. 苟無恆心, 放辟
邪侈, 無不爲已. 及陷於罪, 然後從而刑之, 是罔民也. 焉有仁人在位, 罔民
而可爲也. 是故明君制民之產, 必使仰足以事父母, 俯足以畜妻子, 樂歲終
身飽, 凶年免於死亡.

_「양혜왕 상」

이 말은 맹자가 제나라 선왕과 왕다운 왕이 되는 방도를 담
론하는 가운데 나왔다. 하루는 선왕이 맹자에게 덕이 어떠하
면 왕다운 왕이 될 수 있느냐고 물었다. 맹자는 기다렸다는 듯
이, 백성을 편안하게 하여 왕이 된다면 아무도 이를 막을 수가
없다고 답했다. 그 말을 듣고는 선왕은 재차 자기 같은 사람도
백성을 편안하게 할 수 있는지를 물었다. 그러자 맹자는 당연
히 할 수 있다면서 어진 마음을 품고 어진 정치를 하면 된다면
서 앞의 항산론을 전개하였다. 그러면서 선왕도 충분히 이러한
정치를 할 수 있다며 의지를 북돋아 주었다. 맹자는 왕다운 왕
의 요체를 백성을 편안하게 해 주는 것, 곧 안민에서 찾았고 이
는 흉년에도 제대로 작동되는 제도가 뒷받침이 되었을 때 비로
소 실현 가능하다고 함으로써 백성에게 지속 가능한 안정적 삶
의 토대를 마련해 주고자 했던 것이다.

맹자가 백성의 삶을 안정되게 해 주는 것이 왕다운 왕이라
는 생각을 당당하게 펼칠 수 있었던 이유는 백성은 천자의 백
성이기 전에 하늘의 백성이고, 천자는 백성의 임금이기 전에

···· 자신의 내일을 스스로 기획하는 삶

하늘이 백성을 잘 다스리라고 임명한 관리라고 여겼기 때문이다. 맹자는 군주가 조세를 감면해 주고 부역을 가벼이 해 주면 이웃 나라 백성들이 그를 부모처럼 우러러본다고 하였다. 자식이 되어 부모를 공격하여 성공한 적은 유사 이래에 없었기 때문에 자기 백성뿐 아니라 이웃 나라 백성들도 군주를 부모처럼 우러르게 되면 결국 세상에 그 군주를 대적할 이는 없게 된다. 이렇게 천하에 대적할 이 없는 군주가 바로 '천리(天吏)', 곧 하늘이 임명한 관리이다. 또한 맹자는 백성을 '천민(天民)', 곧 하늘의 백성이라는 표현으로 칭했다. 그러니까 천자와 백성의 관계는 하늘을 중심으로 보면 하늘이 자신의 백성인 천민을 자신이 임용한 관리인 천자에게 그 통치를 위임한 것이 된다. 그리고 하늘은 백성의 목소리에 항상 귀를 기울인다. 백성이 천자, 제후 같은 군주보다 더 높고 귀하다고 당당하게 선언할 수 있었고, 위탁 관리자인 천자가 왕답지 못하면 하늘은 자기 백성의 보호를 위해서라도 천자를 갈아치우게 된다는 것이다. 민본사상은 이렇듯 역성혁명 정당화에 핵심 근거를 제공했다.

역성혁명 정당화의 또 다른 핵심 근거는 천명사상이다. 맹자가 보기에 하늘은 본래 천하를 자신의 뜻대로 주고자 하는 이에게 주는 존재였다. 제자 만장이 사람들 얘기가 우임금에 이르러 도덕이 쇠퇴하여 천자 자리가 어진 사람에게 전해지지 아니하고 아들에게 전해졌다고 하는데 정말 그런 일이 있었습니까, 하고 여쭙자 맹자는 단호하게 "아니다, 그렇지 않다! 하늘이 어진 사람에게 주려면 어진 사람에게 주고, 하늘이 아들에게 주려면 아들에게 준다"[51]고 답했다. 저 옛날 요임금이 천자 자리를 아들에게 물려주지 않고 순이라는 천하의 어진 이에게 물려주었고, 순임금 또한 요를 본받아 천자 자리를 우라는 천하의 어진 이에게 물려주었다. 그런데 우임금은 천자 자리를 천하의 어진 자가 아니라 자기 아들에게 물려주었다. 만장은 우임금이 이렇게 한 것은 우임금의 도덕이 요임금이나 순임금에 미치지 못하기 때문이라는 세상의 시각에 대한 맹자의 견해를 물은 것이다. 이에 맹자는 그러한 게 아니라 원래 천하는 하늘이 주고자 하는 이에게 주었을 따름이라고 답했던 것이다. 게다가 우임금으로부터 천자 자리를 물려받은 아들 계는 당시 천하에서 가장 어진 이였다. 그러니 맹자 보기에 우임금의 왕위 계승에는 문제될 것이 없었다.

이를 논자들은 천명사상이라고 부른다. 그리고 천명은 이렇듯 어느 한 사람, 한 왕조에 고정적으로 머무는 것이 아니라 원칙적으로는 어진 이, 달리 표현하면 덕 있는 이에게로 옮겨 간다고 여겨졌다. 그렇기에 천자가 된 이들은 천명이 자기 왕조에서 다른 곳으로 옮겨가지 못하도록 도덕적 실천에 매진해야 했다. 맹자는 인의예지와 같은 윤리는 하늘이 인간에게 부여한 작위, 곧 '천작(天爵)'이라고 하였다. 도덕의 근원이 사람에게 있는 것이 아니라 하늘에 있다고 본 것이다. 하늘은 온통 도덕 그 자체라고 인식했음이다. 이처럼 천명사상을 지닌 사람들

···· 자신의 내일을 스스로 기획하는 삶

은 하늘의 본성은 선하다, 곧 도덕적이라고 보았기 때문에 천자가 도덕적 실천을 게을리하면 이는 하늘의 본성에 반하는 것이고, 그러면 하늘은 언제라도 천명을 다른 곳으로 옮길 수 있다고 믿었다.

따라서 백성이 "이 태양은 언제 사라지는가? 내 그대와 함께 망하리라!"[52] 하며, 내 몸이 상해도 좋으니 천자가, 또 왕조가 얼른 망해 버렸으면 좋겠다며 절규하는 상황에서는 더더구나 천명이 다른 곳으로 옮겨짐이 당연했다. 도탄에 빠져 신음하는 백성을 폭정으로부터 구제하는 역성혁명은 천명사상으로 보건대 너무나도 당연한 행동이었다.

:: 역성혁명과 성선설

맹자가 역성혁명을 단호하게 지지할 수 있었던 세 번째 근거는 성선설이다. 주지하듯이 성선설은 윤리학적 차원에서 사람의 본성을 통찰한 학설이다. 그런데 맹자가 성선설을 주창함은 그 목적 내지 동기가 단지 윤리학적 차원에 국한되지 않았다.

단적으로 성선설은 고도의 정치학설이기도 했다. 그것은 역성혁명의 윤리학적 근거였다. 성선설은 사람은 신분 고하를 막론하고 누구나 다 하늘의 선함을 본성으로 타고난다고 본 견해이다. 사람은 천민인 동시에, 그러니까 하늘이 낳아 준 하늘의 백성인 동시에 하늘의 본성인 선함을 태어날 때부터 지닌 존재다. 이는 위로는 천자로부터 아래로는 백성에 이르기까지 모두 마찬가지다. 한편 천자가 천자인 까닭은 하늘로부터 천명을 받아서이다. 하늘이 자신의 선한 본성을 잘 실현해 줄 이로 선택했기 때문에 천자가 될 수 있었다. 그러한 천자가 도덕적 일탈을 일삼는다면, 하늘의 선한 본성을 잘 보존해 온 이들이 보기에, 하늘에 대한 떳떳함은 도덕적이지 못한 천자보다는 도덕적인 자신들에게 더 있게 된다. 하늘 편에서 보더라도, 천자가 선함을 보존하지 못하면, 또 천하 백성으로 선함을 지킬 수 없게 만든다면, 이는 천자가 천명을 받드는 존재가 아님의 명백한 증거가 된다. 따라서 백성은 천자를 따를 이유가 없어지고, 하늘도 천자를 보호해 줄 이유가 없게 된다. 백성이 천자의 명을 들어야 함은 천자가 하늘의 명을 따를 때의 일이지 천자가 하늘과 엇나가고 있다면, 천자가 아닌 하늘의 명을 따르는 것이 백번 옳은 일이 된다. 또한 하늘이 천명을 옮기고자 한다면 이를 좇아 역성혁명을 거행함도 지당한 일이 된다.

이렇게 성선설은 역성혁명을 정당화해 주는 중요한 근거다. 그것은 백성도 하늘의 선한 본성을 지녔고 이를 천자보다 더 잘 보존하면 역성혁명의 떳떳한 주체가 될 수 있다는 관점의 윤리학적 근거였다. 역성혁명의 뿌리가 바로 성선설이었음이다. 인간은 누구나 선하게 태어난다는, 인간에 대한 깊은 도덕적 신뢰가 현실에서는 역성혁명이란 근본적 개혁의 뿌리가 되었던 것이다. 도덕의 힘이 결코 작거나 미약하다거나 비현실적이지 않음이다.

따라서 도덕의 힘을 적극적으로 행사할 줄 알아야 한다. 도덕은 잘못된 현실을 근본적으로 뒤엎을 수 있는 힘을 내장한 것이다. 그저 관념의 힘에 그치는 것이 아니다. 그것은 현실을 공공선을 향해 구체적으로 바꾸어 갈 수 있는 힘이다. 맹자의 시대에만 그러한 것이 아니다. 우리의 현실을 돌아보자. 도덕, 그러니까 윤리는 21세기 기업 경영에서 국가 운영, 국제 관계 형성에 이르기까지 중요한 화두도 작동되고 있다. 유럽연합(EU)에서는 친환경이라는 가치를 기반으로 기업을 분류하여 차별을 두고자 한 그린 택소노미(green taxonomy)에 이어 윤리성 등을 기준으로 기업을 분류하여 차별을 두는 '소셜 택소노미(social taxonomy)'를 국제 무역 등에 적용하려 준비 중이다. 목하 우리나라에서는 'ESG', 곧 '친환경(environment)', '사회적 책임(social)', '윤리적 지배구조(governance)'라는 가치가 기업 경영에 본격적으로 도입되고 있다. 단적으로 윤리가 이윤이 되고 힘이 되는 시대가 본격적으로 전개되고 있다. 도덕을 갖춘 자가 그 도덕의 힘을 적극적으로 행사해야 하는 시대다. 맹자는 도덕이 지닌 이러한 힘을 2,300여 년 전에 이미 선취하고 있었음이다.

내 안의 강함을
발견하는 자

대장부란 말이 있다. 흔히 사내대장부와 같은 표현으로 쓰이는, 사내다움을 나타내는 말이다. 그런데 맹자는 이를 되고자하는 바람직한 인간형을 가리키는 말로 사용했다. 그저 마음으로 대장부가 되었으면 하고 만 것도 아니었다. 한대에 양웅이라는 이름 높은 학자가 있었는데 그는 맹자가 "의로움에 용맹하였고 덕에 과감하였으며 가난과 부유함, 삶과 죽음, 신분의 높고 낮음 같은 것은 그의 마음을 움직이지 못하였다"[53]라고 증언하였다. 맹자는 실제 삶을 대장부답게 살았음이다.

큰 사람 되기

양웅의 증언 중 뒷부분은 맹자가 내

린 대장부의 정의와 겹친다. 『맹자』에 나오는 대장부의 정의는 이러하다.

> 천하라는 넓은 거처에 거하고 천하라는 바른 자리에 서며 천하의 큰 도를 행하되 뜻을 얻으면 백성들과 함께 가고 뜻을 얻지 못하면 홀로 도를 행하니, 부귀도 그를 물들일 수 없고 빈천도 그를 흔들지 못하며 위세와 무력도 그를 굽힐 수 없다. 이를 일러 대장부라고 한다.

> 居天下之廣居, 立天下之正位, 行天下之大道, 得志與民由之, 不得志獨行 其道, 富貴不能淫, 貧賤不能移, 威武不能屈, 此之謂大丈夫.
>
> _「등문공 하」

여기서 바람직한 인간형으로 제시된 대장부는 어디까지나 군자, 곧 치자로서의 바람직한 인간형이라는 점에 유의해야 한다. 하루하루 생업에 바쁜 농민이나 상인, 장인 같은 평민에게 제시된 바람직한 인간형은 아니다. 맹자가 대장부와 함께 바람직한 인간형으로 제시한 '대인(大人)', 그러니까 큰 사람도 마찬가지다. 치자의 바람직한 인간형답게 대인은 임금을 바로잡음으로써 나라를 바로잡을 수 있는 이다. 맹자는 도덕적 원리주의자답게 임금 마음의 잘못을 바로잡으면 임금이 어질게 되고 의로워지며 올바르게 되고 그러면 천하 사람들 가운데 어질지 않은 이가 없게 되고 의롭지 않은 이가 없게 되며 모두가 올바르게 된다고 믿었다. 거칠게 얘기하자면 윗물이 맑아졌으니 당연히 아랫물도 맑아진다는 이치가 임금과 백성 사이에도 당연하게 성립된다고 여겼다.

큰 사람이 이러한 힘을 지닐 수 있었던 까닭은 그들이 어짊에 살며 의로움을 행하기 때문이다. 또한 큰 사람은 하늘의 본성을 쏙 빼닮았기 때문이다. 맹자는 큰 사람은 갓난아이의 마음을 잃지 않고 그대로 보존하고 있는 이라고 하였다. 사람은 누구든 간에 동일하게 하늘의 본성을 타고난다. 이때 하늘의 본성은 다름 아닌 마음에 깃든다. 따라서 갓난아이처럼 세상 물정에 하나도 물들지 않은 마음에는 하늘의 본성이 온전히 담겨 있다. 큰 사람은 바로 이러한 마음을 잃지 않고 보존한 자이니 곧 하늘의 본성을 보존한 이라는 것이다. 결국 큰 사람은 타고난 그대로의 마음을 보존하고 기를 줄 아는 존재였던 셈이다. 그는 예컨대 맛나고 값진 음식 같은 것 때문에 마음을 보존하고 기르는 일을 방해받지 않는다. 엄청난 부를 안겨 준다고 해도 마음이 흔들리지 아니하는, 평범한 사람을 한참 뛰어넘어선 존재다. 심지어 큰 사람은 하늘의 관리를 받는 이들이다.

순은 들판의 밭고랑 가운데서 일하다 발탁되었고 부열은 성벽을 쌓는 노동을 하다가 천거되었으며, 교격은 생선과 소금을 파는 중에 중용되었고 관중은 감옥에 있다가 천거되었으며, 손숙오는 바닷가에서 지내다가 등용되었고 백리해는 시장에서 자기 자신을 팔아 천거되었다. 그러므로 하늘이 장차 큰 임무를 이 사람에게 내리려 하면 반드시 먼저 그의 심지를 괴롭히고 그 힘줄과 뼈를 수고롭게 하며, 그 육신을 굶주리게 하고 그 자신을 궁핍하게 만들며 나아가 그 하는 바가 어그러지고 어지럽게 만든다. 그럼으로써 마음을 격동시키고 성품을 강인하게 하여 그가 할 수 없는 바를 할 수 있도록 능력을 증가시킨다.

舜發於畎畝之中, 傅說擧於版築之間, 膠鬲擧於魚鹽之中, 管夷吾擧於士, 孫叔敖擧於海, 百里奚擧於市. 故天將降大任於是人也, 必先苦其心志, 勞其筋骨, 餓其體膚, 空乏其身, 行拂亂其所爲, 所以動心忍性, 曾益其所不能.

_「고자 하」

순은 성인으로 추숭된 인물인 만큼 그 역량이 컸음은 말할 필요가 없고, 부열이나 교격, 관중, 손숙오, 백리해는 모두 일국의 재상이나 중신으로 나라를 부강케 만든 능력자들이었다. 그런데 이들은 그렇게 발탁되거나 중용되기 전에 적잖은 환란을 겪었다는 공통점을 지닌다. 맹자는 이를 두고 하늘이 이들에게 큰 임무를 맡기고자 했고, 이들이 큰 임무를 맡기에 적당하도록 환란을 통해 단련시켰다고 해석했다. 한마디로 이들은 하늘이 그 역량을 관리해 주는 인물이었다는 얘기다. 사실 이들은 하늘의 관리가 없었어도 스스로 떨쳐 일어설 줄 아는 이들이었다. 맹자는 이를 "성인 문왕이 나온 뒤에 떨쳐 일어선 이들은 일반 백성들이었지만, 호걸 같은 이에 이르러서는 문왕이 없었더라도 스스로 떨쳐 일어선다"[54]라고 증언했다. 큰 사람을 호걸, 그러니까 빼어난 역량을 지닌 인물이라고 표현한 것이다. 그리고 그들이 떨쳐 일어서면, 마치 장강과 황하가 터져 나오듯 도도히 짓쳐 흘러 그 흐름을 막을 수 없는 것처럼 그들의 기세를 막을 수 없다고 했다. 그러니 그들에게 기회가 주어지면 그들은 온 천하를 더불어 선하게 하였고, 하늘이 그들에게 때를 허락하지 않아 곤궁하게 지내도 그들은 자신 한 몸을 선하게 유지할 수 있었다.

:: 큰 사람의 조건

그런데 이러한 큰 사람은 어떻게 하면 될 수 있는 것일까? 『맹자』에서 추출 가능한 큰 사람이 되기 위한 조건을 살펴보면 다음과 같다.

첫째는 호연지기를 갖추어야 한다. 호연지기란 말로 설명하기 어렵다. 맹자도 호연지기란 무엇을 말함이냐는 제자의 질문에 말로 하기 어렵다면서 이 정도로 설명하고 넘어갔다.

그 기는 지극히 크고 지극히 굳세다. 곧음으로써 기르면 해가 없어서

···· 자신의 내일을 스스로 기획하는 삶

하늘과 땅 사이에 가득 차게 된다. 그 기는 의와 도와 짝하니 그렇지 않으면 굶주린 것처럼 된다. 그 기는 의로움을 쌓아서 생성한 것이다.

其爲氣也, 至大至剛, 以直養而無害, 則塞於天地之間. 其爲氣也, 配義與道, 無是餒也. 是集義所生者.

_「공손추 상」

    수차례 곱씹어 봐도 호연지기에 대하여 명료하게 이해되지 않는 설명이다. 다만 호연지기는 의로움과 도, 그러니까 도덕을 기반으로 형성되고, 그랬을 때 내게뿐 아니라 천지간에 가득 차게 되며, 그것이 없으면 마치 굶주리는 것처럼 사람이 피폐해진다는 점 정도를 이해할 수 있다. '기운 없다'든지 '기운차다'라는 말처럼, 인간의 신체를 지탱해 주는 것이 음식만이 아니라 호연지기 같은 기도 있다는 얘기다. 곧 호연지기는 물질적인 그 무엇이었음이다. 맹자는 하늘의 본성을 선함 곧 도덕으로 보았고, 위의 설명에 따르면 호연지기는 도덕이 집적되어 형성되는 것이므로 도덕 자체인 하늘은 애초부터 호연지기로 차 있었음을 알게 된다. 사람은 이러한 호연지기를 자신 안에 기름으로써 기운을 얻게 되고, 그럼으로써 어떤 일을 하거나 감당해 낼 수 있는 힘을 지니게 된다. 의로움을 집적하는 활동이, 곧 도덕적 실천이 정신의 힘만을 길러 주는 것이 아니라 이렇듯 물리적 힘의 배양으로도 이어진다. 큰 사람은 무엇보다도 이렇게 도덕을 기반으로 정신적 힘뿐 아니라 물리적 힘도 동시에 소유한 사람이다.

둘째는 만사만물이 자신에게 다 갖추어져 있음을 깨닫는 것이다. 맹자는 "만사만물이 모두 나에게 갖추어 있다"[55]라고 단언했다. 이 언급도 앞의 호연지기에 대한 설명만큼이나 이해하기 어렵다. 상식적으로 생각했을 때 내 안에 만사만물이 다 갖추어졌다는 것은 너무나도 관념적이고 현학적이다. 불교에서 말하는, 우주는 나의 마음이 펼쳐 낸 바라면서 마음이 크면 펼쳐 내는 우주도 그만큼 크고 마음이 좁으면 펼쳐 내는 우주가 그만큼 작다와 같은 화법이다. 이는 불교에서는 우주를, 그 안의 만사만물을 참된 존재가 아니라 허상으로 보기 때문에 비롯된 관점이다. 사뭇 사변적이고 추상적 담론인 셈이다. 그런데 맹자의 시대는 아직 중국에 불교가 전래되기 전이니 이렇듯 불교식으로 이 구절을 이해할 수는 없다.

역대로 이 구절에 대한 다양한 해석이 있어 왔다. 가령 맹자는 자연을 '나'의 외부로 보지 않고 내부로 보았기에 이러한 언급이 나왔다 같은 해석이 그것이다. 이는 인간의 내부가 자연과 구별되는 것이 아니라는 견해다. 흔히 인간의 내면과 그 바깥의 자연 식으로 구분하지만, 실은 인간의 내부도 자연의 일부라는 뜻이다. 따라서 자연을 기준으로 보면 인간의 내부나 외부나 똑같은 자연이므로 굳이 인간을 자연과 다른 존재로 구

···· 자신의 내일을 스스로 기획하는 삶

별할 까닭이 없게 된다. 그렇게 '나'는 자연이고 자연이 곧 '나'이게 되어 자연 속의 만사만물이 곧 '나' 속의 만사만물이기도 하게 된다.

그런데 이 구절은 이러한 식으로도 이해 가능하다. 내 안에 만사만물이 다 갖추어졌다는 것은 내가 없으면 만사만물도 없게 된다는 것이니 "내가 있은 연후에야 비로소 만사만물도 있게 된다"는 식으로 말이다. 이렇게 보면 이 구절은 주체의 정립이라는 화두와 연결된다. 곧 온갖 세상사를, 또 갖은 사물을 '나'를 바탕으로 하여 대한다는, 만사만물을 대하는 주체로서의 '나'를 확고하게 구축해야 한다는 관점을 표명한 것이 된다. 또한 그렇게 만사만물을 대하는 '나'가 충족된 상태임을, 달리 말해 결여가 없는 상태임을 일러 준다. 큰 사람은 이렇듯 자기를 먼저 세움으로써 만사만물을 대하는 자이자 그 내부가 결여 없이 충일한 존재다. 그렇기에 가난과 부유함, 삶과 죽음, 신분의 높고 낮음 등에 흔들리지 않을 수 있었다.

셋째는 큰 사람은 부끄러워할 줄 아는 존재라는 점이다. 맹자는 사람이라면 부끄러워할 줄 모름이 있을 수 없다고 잘라 말했다. 또한 부끄러워함은 사람에게서 중요하고도 큰 것이라고 단언하였다. 부끄러워할 줄 알아야 비로소 사람다운 사람이라는 얘기다. 부끄러워한다는 것은 부끄럽다는 것, 곧 창피하다는 것과는 다르다. 부끄러워한다는 것에는 자신을 돌이켜 보는 행위가 전제되어 있기 때문이다. 이를테면 부끄러워함은 자신을 성찰하고 잘못한 것이 있으면 있는 대로 이를 인정하고 반성한다는 뜻이다. 그래서 부끄러워할 줄 아는 이들은 사태의 원인을 먼저 자신에게서 찾을 줄 안다.

다른 사람을 사랑하는데도 그가 나를 사랑하지 않으면 자신이 어질었는가를 반성하라. 다른 사람을 다스렸는데 그가 다스려지지 않으면 자신이 지혜로웠는가를 반성하라. 다른 사람에게 예의를 차렸음에도 답례하지 아니하면 자신이 그를 공경했는가를 반성하라. 행함에 얻지 못하게 되면 모두 돌이켜 자기 자신에게서 원인을 찾으라. 자신이 올바르면 천하가 자신에게 귀의한다.

愛人不親反其仁, 治人不治反其智, 禮人不答反其敬. 行有不得者, 皆反求諸己, 其身正而天下歸之.

_「이루 상」

맹자는 자신이 기대했던 바의 결과를 얻지 못하면 그 원인을 자신에게서 먼저 찾으라 했고, 이러한 행위는 그 자체로 자신을 바로잡는 행위라고 보았다. 그렇게 자신을 바로잡으면 온 천하 사람이 자신에게 귀의하게 된다고 하였다. 사람이 부끄러워할 줄 알면 천하의 왕 노릇도 할 수 있게 된다는 것이다. 부끄러워할 줄 앎은 이처럼 그 이로움이 크기도 하다. 큰 사람이

···· 자신의 내일을 스스로 기획하는 삶

하늘이 내린 시련을 너끈히 극복하고 떨쳐 일어나 때를 만나면 천하를 더불어 선하게 만들 수 있음은 이렇듯 자기 성찰을 통해 자신을 올바르게 정립하는 일이 무엇보다도 자신에게 이로웠기 때문이다.

　넷째는 근본의 확보이다. 맹자는 근본을 사뭇 강조한다. 그는 우물 파기의 비유를 써서, 그러니까 우물을 아주 깊이 팠더라도 원천에 이르지 못하면 결국 우물물이 나오지 않는 것처럼, 어떤 일을 할 때 근본을 확보하지 못하면 결국 아무 일도 안 한 셈이 된다고 하였다. 반면에 원천이 확보되면 마치 졸졸 흐르는 샘물일지라도 밤낮을 가리지 않고 흘러 결국 사해로 흘러 나가는 것처럼 목표한 바를 너끈히 달성하게 된다고 보았다. 한편 근본의 확보는 어떤 일을 할 때 기준을 장악하는 것과도 통한다. 동그라미를 그리고자 할 때 컴퍼스라는 기준을, 직선을 긋고자 할 때 자라는 기준을 확보하고 있으면 동그라미와 직선을 각각 정확하게 그리고 그을 수 있게 된다. 따라서 기준이라는 것은 결코 양보할 수 없다.

　공손추가 말했다. "도는 높고도 아름답습니다. 마치 하늘로 올라가는 것같이 따라갈 수가 없을 것 같습니다. 어찌하여 저들더러 거의 따라갈 수 있도록 하여 날마다 부지런히 노력하게끔 하지 않으십니까?" 맹자가 답했다. "큰 목수는 졸렬한 목공을 위해 먹줄을 고치거나 폐기하지 않는다. 활의 달인 예는 졸렬한 사수를 위해 활 당기는 기준을 변경하지 아니한다."

公孫丑曰, "道則高矣美矣. 宜若登天然, 似不可及也. 何不使彼爲可幾及而日孳孳也." 孟子曰, "大匠不爲拙工改廢繩墨, 羿不爲拙射變其殼率."

_「진심 상」

맹자가 제시한 도라는 것이 너무 고상하고 심원하다 보니 제자들은 그것을 실천하는 일을 마치 하늘로 올라가는 것처럼 요원하다고 본 듯하다. 그래서 제자들은 자신들도 너끈히 실천할 수 있을 정도로 도의 수준을 낮추어 달라며 맹자에게 이를 요청했다. 그러나 맹자의 반응은 단호했다. 자기가 가르치는 제자들을 '졸렬한 목수', '졸렬한 사수'에 서슴없이 비유하며, 덜떨어진 자를 위해 기준을 바꿀 수는 없다며 일언지하에 거절했다. 그는 "사람을 가르칠 때에는 기준에 의거해야 하는 법이고 배우는 사람도 반드시 기준에 의거해야 한다"[56]라는 확고한 신념을 지니고 있었기 때문이다. 큰 사람은 마치 공자처럼, 그가 조국 노나라의 동산에 올라서는 동산을 기준으로 삼아 노나라가 작다고 여기고, 태산에 올라서는 태산을 기준으로 삼아 천하가 작다고 선언한 것처럼, 기준에 의거하여 대상을 보는 자이지 대상을 중심으로 기준을 변경하는 자가 아니었음이다.

···· 자신의 내일을 스스로 기획하는 삶

:: 이상형과 현실형

큰 사람은 이렇게 호연지기를 갖추고 만사만물이 자기로부터 비롯되는 충일함을, 또 부끄러워할 줄 앎을, 근본을 장악함을 내적 근거로 삼을 줄 아는 이다. 이러한 면에서 큰 사람은 강한 자이기도 하다. 참되게 강한 자만이 자기 삶의 뿌리를 갖추고 결여로부터 자유로운 채 진정으로 자기를 돌아볼 줄 알기에 그러하다. 자기 삶을 근본, 그러니까 기준에 마주 세울 줄 알기에 그러하다.

그래서 맹자는 평생을 "의로움에 용맹스럽고 덕에 과감한" 삶을 지속해 갈 수 있었다. 가는 곳마다 자신의 뜻이 거부되고 세상 물정 모른다, 융통성이 없다, 현실성이 떨어진다와 같은 평가를 들으면서도 일관되게 성인의 도를, 왕도를 설파하며 큰 사람으로서의 삶을 꾸려 갈 수 있었다. 자기 뜻에 대한 확고한 내적 충일함이 있었고, 자신을 돌이켜 보며 부끄러움을 확인할 줄 아는 도덕의 힘을 지니고 있었기에 가능했던 일이다. 자기 삶의, 뜻의 근거를 '만세의 기준'이라고 정의한 성인에 둠으로써 현세의 삶을 초극하여 인류가 존재하는 한 지속할 역사라는 시공간에 자신의 삶을 정초할 수 있었다. 그럼으로써 여의하지 못한 삶 속에서도 흔들리지 않고 일관되게 자신의 신념을 지속해 갈 수 있는 힘을 얻었다. 세상이나 사람을 보고 일상을 영위한 것이 아니라 어짊과 의로움 같은 도덕을 바라보고, 모든 도덕의 궁극적 원천인 하늘을 바라보고 버텨 내고 살아내는 삶을 지속될 수 있었다. 그럼으로써 큰 사람, 그러니까 강한 이의 삶이란 이러한 것이라는 전형을 역사에 드리울 수 있었다.

맹자는 강한 이란 이상형이 아니라 현실형이라고 보았다. 큰 사람보다 더 진보된, 가장 이상적 인간형이라고 할 수 있는 성인도 맹자는 후천적 노력을 통해 너끈히 도달할 수 있는 경지로 보았다. 성인이든, 강한 이든 필부필부 같은 평범한 이들이든 모두가 하늘의 선한 본성을 평등하게 타고났다는 점에서 다 똑같다. 동일한 조건에 처해 있다는 얘기다. 요임금이나 순임금 같은 성인도 사람이고 나도 사람이라는 맹자의 호언은 그저 장담한 것이 아니라 실현 가능하다는 확신에 찬 일성이었다. 그렇기에 맹자가 자기 삶을 통해 실현했고 『맹자』 곳곳에서의 언급을 통해 밝힌 강한 이는 맹자 당시에만 유효한 인간형이 아니었다. 그것은 시대와 지역을 가로질러, 21세기 디지털 대전환, 에너지 대전환 등이 운위되는 지금 여기의 현실에서도 여전히 유효한 인간형이라는 것이다.

세파를 온전히 감당해 낼 근기를 내 안에 갖추는 일, 결여로부터 벗어나 진정 자유롭게 세상을 대하는 일, 나를 진정으로 성찰할 수 있는 힘을 갖추는 일, 근본을 확보하여 기준을 장악하는 일 등은 애초부터 시효라는 것이 없었던 강함의 조건이었다. 강한 이로서의 삶을 펼쳐 낸 맹자의 삶이 2천여 년이란 세월을 격해서도 그 울림이 여전히 강한 까닭이다.

나의 존재 근거를
찾은 자

하루는 노나라 평공이 외출하려 했다. 그때 장창이라는 신하가 행선지를 물었다. 평공은 맹자를 만나러 간다고 했다. 그러자 장창이 군주라는 신분을 망각하고 필부에게 먼저 찾아가는 상궤에 어긋나는 행동을 해서는 안 된다고 말렸다. 혹 상대가 현명하다면 그럴 수도 있지만 맹자는 어머니 장례를 아버지 장례보다 후하게 지내는 결례를 범했으니 결코 현명하다고 할 수 없다고 첨언했다. 이에 평공은 맹자를 만나려던 계획을 취소했다. 이 소식을 제자 악정자가 듣고는 맹자에게 평공이 선생님을 만나러 오고자 했으나 장창이라는 자가 부당한 이유로 앞길을 막는 바람에 오지 않았다고 전했다. 그러자 맹자는 "내가 평공을 만나지 못한 것은 하늘의 뜻이다. 장 모란 사람이 어찌 나에게 임금을 만나지 못하게 할 수 있겠는가?"[57]라고 말했다.

:: 사람의 노력, 하늘의 의지

다른 대목에서도 맹자는 자신이 중용되지 않음은 하늘이 세상을 평화롭게 하고자 하는 뜻이 없기 때문이라면서 하늘이 그러한 뜻을 지니고 있다면 어찌하여 내가 중용되지 않을 수 있겠는가 하며 반문했다. 자신은 하늘이 직접 관리하는 사람이라는 뜻이다. 하늘이 막았기에 군주를 못 만난 것이고 하늘이 평화에 대한 뜻이 없기에 자신이 중용되지 않는다는 것이다.

맹자가 사숙한 스승 공자가 떠오르는 대목이다. 그도 자신을 하늘과 직결하곤 했다. 공자가 송나라에 들러 나무 밑에서 제자들을 가르치고 있을 때 송나라에서 사마 벼슬을 하던 환퇴가 공자를 죽이려 달려들었다. 이에 제자들이 얼른 피신하라고 권했지만 공자는 하늘이 내게 덕을 부여해 주셨거늘 환퇴가 나를 어찌하겠느냐며 서두르지 않았다. 이러한 일이 한 번이 아니었다. 다른 날 위나라 부근인 광 땅에 머물 때 그곳 사람들이 공자를 해하려 했다. 이에 공자는 "주나라 문왕이 돌아가신 뒤로 문화가 나에게 있지 아니한가? 하늘이 이 문화를 없애려 하지 않는데 광 땅 사람들이 나를 어찌할 수 있겠느냐?"[58]라며 제자들을 안심시켰다. 공자의 제자들도 스승은 하늘이 이 세상을 경계하기 위해 현세에 내려보낸 목탁과도 같은 존재라고 여겼다. 하늘이 공자 자신에게 덕을 부여하고 문화를 맡겼을 정도로, 또 인간 세상에 경종을 울리고자 내려보냈을 정도로 관리하고 있는데 사람들이 어찌 하늘의 뜻에 대항하여 자신을 어떻게 할 수 있겠느냐는 태도였다. 이러한 공자처럼 맹자도 자신이 하늘과 직접적으로 관계를 맺고 있는 존재라며 자신을 하늘과 연결하였다.

사정이 이와 같으니 맹자가 하늘에 대하여 주목한 것은 당연한 귀결이었다. 맹자는 하늘의 여러 성격에 대해 익히 주목하고 있었다. 무엇보다도 그에게 하늘은 '도덕의 하늘'이었다. 하늘을 도덕의 도나 진리의 리를 써서 천도(天道) 내지 천리(天理)라고 부르는 데서도 이러한 관점을 엿볼 수 있다. 맹자가 스승 자사의 견해를 이어받아 "성실함은 하늘의 도이고, 성실하고자 함은 사람의 도"[59]라고 한 것처럼 하늘은 도덕을 본성으로 삼기에 늘 도덕적 진리를 드러내 주는 존재라고 보았다. 따라서 하늘은 지적 존재인 인간에게는 늘 앎의 대상이었다. 그리고 사람은 "자신의 타고난 마음을 다 발휘할 수 있으면 자신의 성을 알게 되고, 자신의 성을 알게 되면 하늘을 알게 된다"[60]라고 한 것처럼 자신의 본성에 대한 탐구를 통해 하늘을 알 수 있는 존재다. 한편 하늘은 '주재하는 하늘'이기도 하다. "하늘에 순종하는 자는 살아남고 하늘을 거스르는 자는 죽어 없어진다"[61]라는 언급에서처럼, "무릇 하늘이 천하를 평화롭게 다스리고자 하지 않음이다. 만약 하늘이 천하를 평화롭게 다스리고자 한다면 지금 세상에 나를 제외하면 그 누가 있겠는가?"라는 언급에서처럼, 또 천하는 사람이 사람에게 주고 또 받을 수 있는 게 아니라 하늘이 어떤 때는 어진 이에게 주고 또 어떤 때는 현 군왕의 아들에게 주기도 하는 것처럼, 하늘은 뜻, 곧 의지를 품고 있는 존재이다.

> 하늘이 이 백성을 생육함에 먼저 아는 자더러 후에 알 이들을 깨우치게 하고 먼저 깨달은 자더러 뒤에 깨달을 이를 깨우치게 한다. 나는 하늘의 백성 가운데 먼저 깨달은 자이니, 나는 장차 이 도로 이 백성들을 깨우치고자 한다. 내가 이들을 깨우치지 않으면 누가 이들을 깨우치겠는가?

> 天之生此民也, 使先知覺後知, 使先覺覺後覺也. 予天民之先覺者也, 予將以斯道覺斯民也. 非予覺之, 而誰也.
>
> _ 「만장 상」

하늘은 이처럼 백성을 낳고 기르자는 의지를 갖고 있으며 선지자와 선각자로 하여금 알지 못하고 깨닫지 못한 이들을 알게 하고 깨우치게 하고자 하는 의지를 갖고 있다. 곧 하늘은 자신의 의지에 따라 인간 세상을 주재한다. 그 의지는 하늘의 본성이 도덕이기에 어디까지나 도덕적이다. 하늘은 도덕적 의지를 본성으로 품고 있는 존재라는 얘기다. 그래서 "진인사대천명", 그러니까 사람이 할 바를 다하고 난 후에 하늘의 명을 기다린다는 말처럼, 맹자도 왕업을 이룩하기 위한 노력, 곧 천하의 왕 노릇을 하기 위한 노력은 사람은 하지만 그 성공 여부는 하늘에 달려 있다고 고백했다. 공자가 예에 따라 나아가고 의로움에 따라 물러났지만 관직을 얻고 얻지 못함에는 하늘의 뜻이 있다고 한 것처럼 말이다. 사정이 이러하니 사람들이 하늘을 명을 내리는 존재로 인식함은 당연한 귀결이었다. 곧 하늘은 천명을 내리는 존재라는 것이다. 하여 맹자는 군왕을 하늘의 명을 받은 관리, 곧 '천리(天吏)'라고 명명하기도 했다.

물론 맹자가 하늘을 이렇게 도덕적 존재로만 본 것은 아니었다. 『맹자』 곳곳에는 자연의 일부를 이루고 있는 하늘이라는 관점도 드러나 있다. 이를 학계에서는 '자연으로서의 하늘' 내지 '물질로서의 하늘'이라고 부른다. 그런가 하면 맹자 또한 하늘을 운명의 원천으로 보기도 했다. 하여 "그렇게 하지 않음에도 그렇게 됨이 하늘이고 불러들이지 않았음에도 오는 것이 명이다"[62]라고 운명을 정의하기도 했다. 하늘을 이렇게 운명과 연관하여 보는 것을 논자들은 '운명으로서의 하늘'이라고 한다. 맹자는 이렇듯 하늘을 도덕으로서의 하늘, 주재하는 하늘, 자연/물질로서의 하늘, 운명으로서의 하늘 등으로 다양하게 바라보았다.

:: 하늘과 마주 서다

　　　　　　　맹자는 하늘을 자신의 담론으로 끌어들여 적극적으로 활용하였다. 예컨대 이러한 식이었다. 언젠가 제나라의 대신 한 사람이 맹자에게 연나라는 정벌해도 되냐고 물어 왔다. 맹자는 가능하다고 대답했다. 연나라의 정치가 문란했으므로 정벌해도 된다고 답한 것이다. 얼마 후 제나라가 연나라를 정벌했다. 그러자 어떤 사람이 맹자에게 제나라에게 연나라 정벌을 권유한 적이 있냐고 물었다. 맹자는 없다고 딱 잘라 말했다. 제나라 대신과 주고받은 문답은 연나라 정벌이 마땅한지에 관한 문답이었지, 제나라가 연나라를 정벌함이 마땅한지에 대한 문답이 아니었다는 얘기다. 만약 누가 연나라를 정벌할 수 있느냐고 물어 왔다면 하늘의 명을 받은 관리라면 정벌할 수 있다고 답했으리라는 것이다.

　맹자가 말장난을 한 것이 아니었다. 제나라 대신의 물음은 분명히 연나라가 정벌의 대상이 되는지에 대한 맹자의 생각을 물은 것이지 제나라가 연나라를 정벌해도 되는지에 대한 맹자의 생각을 물은 것이 아니었다. 본의 아니게 오해를 받게 되자 맹자는 정벌 주체에 대한 자기 생각을 확고하게 밝힌다. "하늘의 명을 받은 관리"란 표현은 그러한 맥락에서 나왔다. 여기서 하늘의 명을 받은 관리는 천명을 받은 군주를 가리킨다. 다시 말해 정통성 있는 군주라고 하면 될 것을 맹자는 굳이 "하늘의

···· 자신의 내일을 스스로 기획하는 삶

명을 받은 관리", 곧 천리(天吏)라는 표현을 써서 담론하였다. 그냥 정통성 있는 군주라고 했을 때보다 천리라고 함으로써 하늘이 명했음이 더욱 도드라지는 효과를 누리고자 했음이다. 천리뿐 아니다. 맹자는 '하늘의 백성'이라는 뜻의 '천민(天民)'이라는 표현도 의도적으로 사용하였다. 그냥 백성이라고 표현해도 될 자리도 "하늘이 이 백성을 낳았다"[63], "나는 하늘의 백성 가운데 먼저 깨달은 자"[64]라고 함으로써 백성이 천자의 백성이기 전에 하늘의 백성임을 돋을새김하였다. 그런가 하면 천민을 백성 가운데 '하늘이 낸 백성'이라는 뜻으로 쓰기도 했다.

> 군주를 섬기는 사람이 있으니 그 군주를 섬김이 기쁨이 되는 자이다. 사직을 편안케 하는 신하가 있으니 사직을 편안케 함을 기쁨으로 삼은 자이다. 하늘의 백성이 있으니 천하에서 행할 만하게 된 후에 행하는 자이다. 큰 사람이 있으니 자신을 바로잡으면 만사만물이 바로잡히게 되는 자이다.

> 有事君人者, 事是君則爲容悅者也. 有安社稷臣者, 以安社稷爲悅者也. 有天民者, 達可行於天下而後行之者也. 有大人者, 正己而物正者也.
>
> _「진심 상」

맹자는 천민을 백성의 다른 표현으로 쓰기도 했다. 그러나 여기서의 천민은 단순히 백성이라는 말로 대체 가능한 뜻이 아니다. 똑같이 천민이라는 기표를 사용했지만 뜻을 달리했음이다. 인용문에서의 천민은 천하를 대상으로 행함을 펼치는, 곧 성인의 도를 행하는 자라고 설정되어 있다. 하여 평범한 백성으로 보기는 어렵다. 하늘의 명을 받은, 그러니까 하늘의 뜻을 따르는 군주를 천리라고 한다면, 여기서 천민은 군주가 아닌 자 가운데 하늘의 뜻에 따라 군주를 도와 천하를 다스리는 자를 가리킨다고 할 수 있다. 백성 가운데 경세에 필요한 제반 역량을 지닌 자를 하늘이 선택한 자라고 표현한 것이다. 또한 맹자는 '하늘이 부여한 작위'라는 뜻의 '천작(天爵)'이라는 표현도 썼다.

> 하늘의 작위란 것이 있고 사람의 작위라는 것이 있다. 어짊과 의로움, 충성, 미더움, 착함을 즐김에 게으르지 않음, 이들이 하늘의 작위이다. 공과 경, 대부 이것이 사람의 작위이다. 옛사람은 하늘의 작위를 닦았고 그러면 사람의 작위는 뒤따라왔다. 오늘날 사람들은 하늘의 작위를 닦음으로써 사람의 작위를 추구하고, 사람의 작위를 얻게 되면 하늘의 작위를 버리니 미혹됨이 심하다. 끝내 또한 망하게 될 따름이다.

> 有天爵者, 有人爵者. 仁義忠信, 樂善不倦, 此天爵也, 公卿大夫, 此人爵也. 古之人修其天爵, 而人爵從之, 今之人修其天爵, 以要人爵, 既得人爵, 而棄其天爵, 則惑之甚者也, 終亦必亡而已矣.

> _「고자 상」

여기서 맹자는 하늘의 본성을 도덕으로 본 자답게 인의예지와 같은 윤리는 하늘로부터 발원된 것이라는 점을 천작이라는 표현을 씀으로써 부각하고자 했다. 이렇듯 맹자는 하늘을 자기 담론으로 곧잘 끌어들여 활용하였다. 이는 그가 자신을 하늘이 관리하는 인물로 설정한 것과도 깊이 연관되어 있다. 곧 하늘을 자기 존재의 근원이자 모든 사유의 준거점으로 삼았다는 얘기다. 이는 달리 표현하면 마치 거울 보듯 자신을 하늘에 늘 마주 세웠다는 뜻이기도 하다. 앞서 든 공자의 예처럼 자신의 존재 근거를 하늘에 두고 존재의 이유를, 또 목적을 하늘에서 찾은 것이다.

그럼으로써 맹자는 스스로를 우주적 존재로 정초할 수 있었다. 그 일성은 "만사만물이 모두 나에게 갖추어져 있다"[65]는 선언이다. 이는 내가 곧 우주이자 우주의 기점이라는 선언이다. 맹자가 이렇게 말할 수 있는 근거는 다음과 같았다.

첫째는 사람은 하늘이 낳아 준 존재, 곧 천민이기 때문이다. 하늘의 본성은 도덕이다. 그런데 사람은 태어날 때 신분 고하를 막론하고 누구나 '네 가지 단서[四端]'라고 불리는 인의예지와 같은 도덕을 타고난다.

측은해하는 마음이 없으면 사람이 아니며 악을 부끄러워하고 미워하는 마음이 없으면 사람이 아니다. 사양하는 마음이 없으면 사람이 아니며 옳고 그름을 가리는 마음이 없으면 사람이 아니다. 측은해하는 마음은 어짊의 단서이고 부끄러워하고 미워하는 마음은 의로움의 단서이며 사양하는 마음은 예의의 단서이고 옳고 그름을 가리는 마음은 지혜의 단서이다. 사람이 이 네 단서를 지님은 손과 발 네 개를 지님과 같다.

無惻隱之心非人也, 無羞惡之心非人也, 無辭讓之心非人也, 無是非之心非人也. 惻隱之心仁之端也, 羞惡之心義之端也, 辭讓之心禮之端也, 是非之心知之端也. 人之有是四端也猶其有四體也.

_「공손추 상」

맹자는 이러한 마음이 없으면 사람이 아니라고 잘라 말했다. 또한 차마 하지 못하는 '불인지심(不忍之心)'도 공통적으로 타고난다고 보았다. 배우지 않아도 할 수 있는 양능(良能)과 헤아려 보지 않아도 알 수 있는 양지(良知)도 공히 타고난다고 여겼다. 이러한 양능과 양지 덕분에 한두 살 아이라도 어버이를 사랑할 줄 모르는 아이가 없고 커서는 형을 공경할 줄 모르는 사람이 없다고 한다. 어버이를 사랑함이 곧 어짊이고 어른을 공경함이 곧 의로움이니 양능과 양지를 타고난다고 함은 어짊과 의로움을 타고 태어난다는 말과 매일반이다. 사람이 누구나 이러한 도덕을 마음에 타고나니 이는 맹자 보기에 하늘이 인간을 자신을 닮게 태어나게 했음이 분명했다. 하늘이 단지 사람을 낳아 주기만 한 것이 아니라 자신을 닮은 도덕적 존재로 빚어 주었다는 것이다. 그렇게 사람은 본질적으로 하늘을 닮았기에 하늘이 우주적인 것처럼 사람도 우주적일 수 있었다.

둘째는 호연지기를 기를 수 있는 존재이기 때문이다. 맹자는 호연지기를 곧음으로 기르면, 곧 의로움을 쌓아서 기르면 호연지기가 천지 사이에 가득 차게 된다고 하였다. 이 구절에 대하여 성리학을 집대성한 송대의 주희는 "사람은 천지의 정기(正氣)를 타고 태어나니 … 이러한 본체를 잘 보존하면 우주를 아무 틈 없이 가득 채울 수 있다"[66]고 풀었다. 곧 나의 호연지기로 우주만물을 가득 채울 수 있다고 본 것이다. 이는 이렇게 이해할 수 있다. 내가 호연지기를 기르면 본래 천지간에 가득 차 있는 호연지기와 통하여 일체를 이루게 되는데, 이를 호연지기를 기준으로 보면 나와 천지가 더불어 호연지기 안에서 함께 들어 있는 모습이 된다. 이 상태에서는 나의 안에도 호연지기가 가득 차 있고 바깥에도 가득 차 있기 때문에 나와 나의 외부를 나누는 경계가 무의미해진다. 나의 내부든 외부든 동일한 호연지기도 가득 차 있기에, 호연지기 쪽에서 보자면 나의 내부, 외부를 나누는 것이 무의미해진다는 것이다. 이렇게 나와 우주만물이 그 경계를 나누는 것이 무의미해지는 상태로 통합되어 있다면 나에게 만사만물이 다 갖추어져 있다고 능히 선언할 수 있게 된다. 그러니 내가 곧 우주이고 우주의 기점이 될 수 있음이다.

　셋째는 인간이 하늘의 공능을 공유하는 존재라는 점이다. 하늘의 본성은 선함, 곧 도덕이다. 맹자를 비롯한 옛사람들은 하늘은 이러한 선한 본성을 바탕으로 만사만물을 낳고 기르는 존재라고 여겼다. 이것이 하늘의 공능이다. 인간은 신분 고하에 관계없이 하늘의 본성을 누구라도 타고 태어난다. 사람의 본성은 곧 하늘의 본성이기도 하다. 따라서 인간에게도 만물을 낳고 기르는 하늘의 공능이 들어와 있게 된다. 인간이 만사만물을 낳고 기르는 하늘의 공능에 참여한다는 것이다. 그래서 맹자는 큰 사람은 "자신을 바로잡으면 만사만물이 바로잡히게 되는 자"[67]라고 단언할 수 있었다. "나를 닦으면 천하가 공평무사하게 닦인다"[68]고도 자신하게 된다. 만사만물을 낳고 기르는 활동에 참여하는 이가 바르게 닦이면 천하 만사만물도 바로잡히기 마련이기에 그러하다. 한편 이는 나를 바로잡으면 우주가 바로잡히고 천하가 바로잡힌다는 선언이다. 내가 변하면 우주가 변하고 천하가 변한다는 통찰이다. 나에게 만사만물이 다 갖추어져 있으니 말이다.

:: 우뚝 자아라는 전통

이렇듯 맹자는 '하늘 대 나'라는 축에서 자신을 정위(定位, positioning)하였다. 이는 전국시대 다른 유파의 사상가들에게는 잘 안 보이는 관점이었다. 다만 공자가 이미 하늘과 자신을 마주 세우며 하늘에서 존재의 이유와 삶의 근거를 찾았듯이 맹자가 최초로 이러한 관점을 제시한 것은 아니었다. 그러나 맹자가 공자의 이러한 관점을 이어받음으로써 이후 '하늘과 마주 서기'는 고대 중국인들에게 중요한 전통으로 이어지게 된다.

맹자를 공자의 적통으로 떠받든 성리학자나 양명학자들이 대표적 예다. 이들은 현세의 정점인 천자에 대하여 자신을 마주 세우지 않았다. 예컨대 자신의 존재 이유를 천자에게서 찾지 않았다. 그 대신 천리라는 말로 대변되는 하늘과 자신을 마주 세워 하늘의 뜻인 천리를 자기 삶을 통해 어떻게 온전히 구현할 것인지를 삶의 궁극적 목표로 삼았다. 대표적 예가 성리학을 집대성한 주희다. 그는 그래서 황제가 출사하라고 몇 번에 걸쳐 조서를 내렸지만 병 등을 핑계로 사양한 후 고향에 거처하며 집필과 강론을 통해 천리를 밝히는 일에 집중하였다. 중국의 성리학자들만 이러했음이 아니다. 퇴계 이황도 선조의 부름이 몇 차례 있었지만 사양하고 고향에 도산서원을 짓고 천리를 규명하고 일상에서 실천하는 일에 집중하였다. 이는 맹자의 시대나 이후 한대의 대부분 지식인이 '천자 대 나'라는 축 위에서 자신을 정위했던 것과는 사뭇 다른 양상이다.

비단 성리학자나 양명학자들만 그러했던 것도 아니다. 그들보다 앞선 시대의 문인 지식인들 중에는 자신을 하늘과 마주 세우는 이들이 계속 있었다. 가령 대시인 이백은 '술 권하며'라는 뜻의 「장진주」라는 시에서 "하늘이 나를 세상에 태어나게 함은 반드시 크게 쓸 데가 있어서랴!"[69]라며 장쾌하게 자신의 존재 이유를 선포했다. 그의 시 곳곳에서 우주를 품어 내는 스케일이 구현되어 있음은 결코 우연이 아니었음이다. 이백과 쌍벽을 이루는 대시인 두보 또한 종종 자신을 천지와 우뚝 마주 세우곤 했다. 역시 그의 시에도 도처에서 우주를 품어 낸 스케일이 구현되었으니 이 또한 우연이 아니었다. 맹자가 자신을 우주적 존재, 곧 우주적 자아로 설정하고 이를 실현하고자 애쓴 삶은 이렇듯 자기 당대로 끝나지 않고 이후 역사에서 도도한 흐름을 형성하며 확대 재생산되었다.

내일을 기획하는 눈을
가진 자

맹자의 시대, 그러니까 전국시대는 문명사적 차원에서 대변혁의 시대였다. 구두전승 문명 패러다임이 문자전승 문명 패러다임으로 옮아가고 있었고, 적어도 천여 년간 유지되었던 봉건제가 와해되고 한층 중앙집권적인 군현제로 전환되고 있었다. 모든 학문이 왕실을 위시한 관청의 울타리 바깥으로 나오지 않던 관학의 시대가 저물고 민간에서도 자유롭게 학문을 다룰 수 있는 사학의 시대가 만개하였다. 공자를 비롯하여 제자백가와 같은 수많은 학자가 민간에서 지식의 패권을 놓고 경쟁을 벌인 저변에는 이러한 대전환이 놓여 있었다. 어느 것 하나 그 영향력이 작다고 할 수 없는 변혁이었다. 맹자가 중국 문명의 미래를 기획한 것은 이러한 시대적 상황에서 비롯된 당연한 귀결이었다.

:: 폭력의 시대를 끝내기 위해

　　　　　중원 천하의 통일은 맹자뿐 아니라 전국시대를 산 대다수 지식인의 공통적 지향이었다. 일종의 시대정신이었다. 전국시대, 시대 이름이 '싸우는 나라'일 정도로 일상화되었던 전쟁이라는 거대 폭력은 치자부터 피치자인 평민에 이르기까지 일상의 삶을 크게 왜곡하고 있었다. 맹자가 전쟁이란 다름이 아니라 사람을 대량으로 몰아다가 죽게한 후 인육을 땅에게 먹이는 것과 다름없다고 절규했듯이, 또한 춘추시대 이래로 그간 있었던 모든 전쟁에서 의로운 전쟁, 곧 명분 있는 전쟁은 하나도 없다고 일갈했듯이, 전국시대는 대량살육과 삿된 욕망이 백성들의 일상적 삶을 마구 파괴하던 시절이었다.

　맹자는 이러한 현실에 대한 궁극적 해결책은 중원의 통일에 있다고 보았다. 그는 성인의 말씀에 의해 정치를 하는, 곧 왕도로 천하를 통치하는 진정한 왕자가 나와서 봉건제를 기초로 천하의 질서를 확립하는 것을 지향했다. 그렇다고 맹자가 당시 허수아비에 불과했던 주 왕실의 천자에게 기대를 품은 것은 아니었다. 그는 왕도를 갖춘 제후가 출현하여 천자를 잘 보필하면 중원의 통일은 물이 높은 데서 낮은 데로 흐르듯이 자연스럽게 성취된다고 보았다. 넓이가 크든 작든 어느 한 제후국에서 왕도정치가 시행되면 천하의 백성들은 그 나라에서 살

···· 자신의 내일을 스스로 기획하는 삶

고자 하여 그 나라로 이주할 것이고, 그러면 당시 국력의 요체였던 인구의 유출을 우려한 다른 제후국은 울며 겨자 먹기로라도 왕도정치를 따라 하지 않을 수 없게 된다. 맹자는 이러한 연쇄반응이 일어나 전 중원에서 왕도정치가 시행된다고 믿었다. 마치 공자가 이를 철석같이 믿었던 것처럼 말이다.

이러한 지향을 맹자가 구두선처럼 입으로만 되뇌었던 건 아니다. 그에게는 통일 기획, 그러니까 중원 통일을 위한 구체적 방안이 충분히 마련되어 있었다. 통일의 윤리학적 기초로 제시된 성선설이 대표적 예다. 서로 나뉘어 싸우던 이들이 하나의 정치적 공동체로 통합되기 위해서는 우리 모두가 원래는 동질적이었다는 공통의 토대가 필요하다. 맹자는 이를 사람은 누구나 하늘의 선한 본성을 타고난 동질의 집단이라는 설정을 통해 마련하고자 했다. 하늘의 선함을 지닌 인간이라는 본성을 통일 중국에 속하는 모든 이의 공통된 바탕으로 제시한 것이다. 선함을 매개로 하늘을 닮은 우리, 하늘 아래 우리는 하나라는 선언인 셈이다. 또한 맹자가 중원 어디서든 통할 수 있는 의로움으로 통의(通義)를 제시한 것도 중원 통일을 위한 방안의 하나였다. 나뉘어 서로 싸우던 나라들이 통일되고, 그 통일된 상태를 유지하기 위하여는 공통의 윤리적 토대가 구축되어 있어야 한다. 그런데 맹자 당시 현실은, 그보다 앞서 묵자가 한 사람이 있으면 한 가지의 의로움이 있고 둘이 있으면 두 가지의 의로움이, 열 사람이 있으면 열 가지의 의로움이 있다고 통탄했듯이 윤리적 토대의 주축이라고 할 수 있는 의로움이 단일하지 않았다. 따라서 서로가 동의할 수 있는 의로움을 정립하는 것이 절대적으로 필요했다. 그래야 이를 기초로 통일 중원의 윤리학을 마련해 갈 수 있기 때문이다. 맹자가 제시한 통의가 중원 통일에 유용하고도 유력한 방편이 되는 까닭이다. 『맹자』 곳곳에 개진되어 있는 성인 논의도 통일 기획과 연관이 깊다. 지금은 비록 수백 년에 걸쳐 쪼개진 채로 서로 싸우고 있지만, 실은 우리 모두는 저 옛날 요임금, 순임금, 우임금, 탕왕, 문왕, 무왕, 주공이라는 성인의 다 같은 후예라는 주장이 가능하기 때문이다. 마치 근대 이후 국민국가를 빚어 가는 과정에서 국민적 영웅을 발굴하여 제시함으로써 사람들로 하여금 우리는 그러한 국민적 영웅을 공유하는 공동체의 성원이라는 정체성을 갖게끔 한 것과 유사하다고 할 수 있는 기획이다.

천하라는 시공간을 맹자가 유달리 강조한 것도 중원 통일 기획과 연관이 깊다. 천하를 통일된 중원이 위치할 시공간으로 제시한 것이기 때문이다. 맹자는 천하를 일상생활의 기본값으로 설정했다.

천하라는 넓은 거처에 거하고 천하라는 바른 자리에 서며 천하의 큰 도를 행하되 뜻을 얻으면 백성들과 함께 가고 뜻을 얻지 못하면 홀로 도를 행하니, 부귀도 그를 물들일 수 없고 빈천도 그를 흔들지 못하며 위세와 무력도 그를 굽힐 수 없다. 이를 일러 대장부라고 한다.

居天下之廣居, 立天下之正位, 行天下之大道. 得志與民由之, 不得志獨行
其道, 富貴不能淫, 貧賤不能移, 威武不能屈, 此之謂大丈夫.

_「등문공 하」

여기서는 천하가 일상생활이 이루어지는 기본 단위로 설
정되어 있다. 자기가 태어난 어느 한 제후의 나라나 대부의 고
장이 일상생활의 기본 단위로 제시된 것이 아니라 "천하라는
넓은 거처", "천하라는 바른 자리"가 그것으로 설정되어 있다.
"광대한 토지와 많은 백성은 군자가 바라기는 하지만 즐거워하
는 바는 거기에 있지 않다. 천하의 중앙에 나라를 세우고 사해
의 백성을 안정시킴은 군자가 즐거워한다"[70]라고 한 데서도 마
찬가지다. 제후국의 토지가 광대하고 백성이 많을지라도 군자
는 그것을 일상생활의 기본 터전으로 삼지 않고 천하를 늘 염
두에 두고 그것을 일상생활의 기본 단위로 삼는다는 것이다.
또한 군자는 천하에 행할 수 있게 된 다음에 행한다는 언급에
서 볼 수 있듯이, 또 고위직에 오르면 온 천하를 더불어 선하게
한다고 한 데서 목도되듯이 맹자는 어떤 일을 한다면 그것은
기본적으로 천하를 대상으로 한다고 설정하곤 했다. 하여 그는
스스로를 "천하지사(天下之士)"라고 규정한다. 설령 태어나기는
어느 제후의 나라나 한 대부의 고을일지라도 정체성은 그 나라
나 고을에 가두어지지 않는다는 선언이다. 맹자는 이렇게 통일
된 중원이 들어갈 수 있는 공간을 마련한 다음 성인론을 펼쳐,

곧 저 옛날부터 중원은 단일한 성인의 계보를 지닌 공동체임을 제시함으로써 성인을 공유하는 역사라는 시간을 천하라는 공간과 결합하였다. 여기에 텍스트에 의해 중국 문명이 간단없이 이어졌다고 규정함으로써 문화적 내용도 채워 넣었다. 그럼으로써 통일된 중원이 자리할 시공간이 예비되었다.

한편 흔히 맹자의 경제사상으로 얘기되는 정전법이나 항산론도 중원 통일 기획이라는 각도에서 읽어볼 수 있다. 통일 중국의 경제제도와 사회제도를 제시한 것으로 볼 수 있기 때문이다. 일정 크기의 땅을 아홉 등분하여 여덟 가구에 나누어 주어 각자 경작케 하고 남은 하나는 여덟 가구가 공동으로 경작해서 그 소출을 세금으로 내며, 나머지 여덟 등분한 땅에서 나온 소출은 각자가 소유한다는 정전제는 통일 중국의 토지제도와 조세제도를 제시한 것으로 해석 가능하다. 흉년일지라도 기본적 생활이 가능하도록 제도를 구비해야 한다는 항산론은 통일 중국의 사회제도를 제시한 것으로 볼 수 있다. 맹자 사상을 대표하는 역성혁명론도 마찬가지다. 맹자는 봉건제 기반 왕도정치 체제를 통일 중국의 정치적 그릇으로 제시하였다. 역성혁명론은 이의 실현을 위한 방법론으로 제시한 것으로 이해할 수 있다. 아무리 도덕적 원리주의자였지만 맹자가 보기에도 당시 천자가 하늘의 명을 받은 참된 군왕이라고 보기는 힘들었던 듯하다. 하여 성선설로 역성혁명의 윤리학적 정당성을 확보한 후 역성혁명을 통한 참된 군왕의 정립이라는 길을 모색했다. 성인

의 이름으로 중원을 통일한다는 문명 기획을 맹자는 이러한 식
으로 구체화했던 것이다.

:: 궁극적 승리

　　　　　이렇게 치밀하게 마련했던 맹자의
중원 통일 기획의 운명은 어떠했을까? 결론부터 제시하자면 맹
자의 시대에는 실패했다. 맹자의 통일 기획을 채택한 군주가
없었기에 맹자로서는 자신의 기획을 현실에서 펼쳐 낼 기회를
잡지 못했다. 주지하듯이 전국시대의 분열과 혼란을 끝내고 중
원을 통일한 것은 진시황이었고, 진시황은 왕도로 대변되는 유
가가 아니라 유가와는 날 선 대립각을 세웠던 상앙, 한비자 등
의 법가를 채택하여 이룩한 부국강병을 바탕으로 중원을 통일
하였다. 그럼으로써 사상 최초로 중국에 통일대제국이라는 정
치 공동체가 탄생하게 되었다.
　이렇게 전개된 실제 역사를 보면 맹자의 문명 기획은 분명
실패했다고 할 수 있다. 물론 "현실에 적용되지 못했다고 하여
실패했다고 단정할 수 있는가?", "현실에 적용되지 않았다고
해서 맹자의 문명 기획 자체에 하자가 있다고 규정할 수 있는
가?"와 같은 문제가 제기될 수 있다. 현실에 적용되어서 기획
한 바대로 역사가 전개된 것을 성공의 근거로 삼는다고 해도,

그러한 성공을 하지 못했다고 바로 실패했다고 결론지을 수는 없다. 실패하지 않은 것이 성공했다는 말과 등치가 아닌 것처럼, 성공하지 못한 것이 실패와 같은 값이 아니기에 그러하다. 또한 현실에 적용되지 못했다는 사실이 기획 자체에 문제가 있었음의 직접적 증거가 되는 것도 아니다. 목표 구현에 자못 오랜 시일이 걸리는 왕도정치라는 기획이 빠른 시일 내로 부국강병을 일구어 내야 생존이 가능했던 전국시대 현실과 맞지 않았을 뿐, 그렇다고 하여 왕도정치라는 기획에 잘못이 있다고 단정할 수는 없기 때문이다. 실제로 왕도는 한대 이후 모든 왕조에서 당위이자 목표로서 늘 표방되었다. 그 자체는 이렇듯 정당하고 옳았다.

한편 시야를 전국시대에 한정하지 않고 이후 전개된 중국 역사 전반으로 확대하면 맹자의 문명 기획은 궁극적 승리를 거두었다고 할 수도 있다. 적어도 송대 이후 지금까지 천여 년의 세월 동안에는 그러했다고 볼 수 있다. 유교의 역사는 줄잡아 2천여 년은 된다. 학계에서는 이를 천 년 단위로 크게 둘로 나누곤 한다. 그 첫 번째 천 년은 한의 무제 때 유학이 제국 최고 통치이념, 곧 유교로 격상된 서기전 1세기 무렵부터 송대에 신유학이 본격적으로 출현한 11세기 언저리까지의 시기이다. 두 번째 천 년은 신유학이 성립된 후 근대까지의 시기이다. 맹자의 문명 기획은 전국시대는 법가에 의해 좌초되었고, 유교의 첫 번째 천 년 기간 동안에는 후배인 순자에 밀려 정통으

···· 자신의 내일을 스스로 기획하는 삶

로 채택되지 못했다. 이 시기에는 공자로부터 맹자로 이어지는 학맥이 아니라 공자에게서 순자로 이어지는 학맥이 유교의 정통으로 꼽혔다. 순자도 유가인 만큼 왕도정치를 기본적으로 표방했기에 이 기간이 맹자의 문명 기획과 아예 무관하다고 할 수는 없지만, 맹자가 성현의 말씀을 기반으로 하는 도덕 정치, 그러니까 덕치를 표방했다면 순자는 그러한 덕치에 법가가 표방했던 법치의 장점을 가미한 예치를 표방했기 때문에 순자의 문명 기획은 맹자의 그것과는 분명한 거리가 있었다.

맹자의 문명 기획은 유교의 두 번째 천 년에 이르러 만개한다. 신유학의 시대에 들어 공자로부터 맹자로 이어지는 학맥이 정통으로 채택되었고 『맹자』가 새로운 유교 경전인 사서(四書)의 하나로 화려하게 부활하였다. 이에 맹자의 문명 기획도 보란 듯이 현실에 적용되었다. 맹자의 문명 기획이 천수백여 년의 세월을 격하여 송대 이후 '성리학의 중원 천하' 구현으로 이어진 것이다. 맹자의 문명 기획이 담긴 『맹자』가 전통의 오경(五經)보다도 더 중요한 경전으로 추켜세워졌음은 『맹자』가, 곧 맹자의 문명 기획이 이후에도 문명의 유지, 갱신의 원천이자 동력으로 활용되었음을 말해 준다. 이는 맹자의 문명 기획이 지닌 형이상학적 속성과 우주론, 사변성, 원리주의적 지향 등이 송대의 시대 상황에 더욱 절실하게 맞아떨어진 결과였다. 공자로 대표되는 중국의 전통 학술이 불교의 형이상학과 우주론, 사변성에 밀리고, 유목민족에 의해 중원의 본향인 황하 일대가 점령되는 등의 시대 상황으로 인해 맹자의 문명 기획이 현실의 한복판으로 소환되었던 것이다. 시대적 조건이 달라짐으로써 맹자의 문명 기획이 보란 듯이 다시 채택되었음이다.

중국에서만 그러했던 것도 아니다. 바다 건너 조선에서도 마찬가지였다. 조선 초기, 조선을 성리학의 나라로 만들어 내고자 했던 정도전의 문명 기획에서 볼 수 있듯이 맹자의 문명 기획은 중국에만 국한되지 않았다. 조선왕조 5백여 년 역사의 근저에도 맹자 문명 기획의 그림자가 어른거린다는 것이다. 심지어 맹자로부터 비롯된 조선의 문민 전통은 오늘날까지도 전통문화라는 이름으로 우리 삶과 사회의 곳곳에서 면면히 이어지고 있다. 우리나라 지폐 속 인물이 세종대왕, 퇴계 이황, 율곡 이이, 신사임당 같은 문인 지식인으로 채워져 있는, 세계에서 유례를 찾기 힘든 현상에서도 그 영향을 확실하게 확인할 수 있듯이 말이다.

:: 내 삶의 조건과 문명의 조건

결국 맹자의 문명 기획이 2,300여 년이라는 엄청난 세월을 격해서, 바다 건너 우리 사회에까지 영향을 미치고 있는 셈이다. 맹자가 이렇게 되리라는 것을 예측하고 문명을 기획한 것은 당연히 아니다. 그는 단지 자기 시

···· 자신의 내일을 스스로 기획하는 삶

대에 충실했을 따름이었다. 누가 시킨 것도 아니었다. 치자 계층에 속한 지식인으로서 자기 시대를 외면하지 않고 들여다보고 시대가 요구하는 바를 도외시하지 않고 이에 부응하여 능동적으로 실천한 결과였다.

맹자가 빼어난 위인이었기 때문에 그럴 수 있었다고 생각하는 것은 오산이다. 『맹자』를 통해 확인 가능한 맹자는 인격 등 모든 면에서 찬탄을 자아내는 훌륭한 인물은 아니다. 기세등등하고 혼자서도 당당함을 갖춘 멋진 인물이기는 하지만 한편으로는 지나치게 세기만 했던 인물이기도 하다. 왕도를 향한 확고한 신념을 갖춘 강인한 인물이기도 하지만 타협이라고는 거의 없는 융통성이 부족한 인물이기도 하다. 앞뒤가 맞지 않는 행동에 대해 제자 등이 문제를 제기할 때면 궤변에 가까운 말로 얼버무리기도 하였다. 맹자를 흥보자는 것이 아니다. 전반적으로 괜찮은 인물이지만 성인이나 현자로 무턱대고 추앙할 정도의 인물은 아니라는 뜻이다.

한마디로 우리 주변에서 어렵지 않게 볼 수 있는 인물이다. 이는 성인이나 현자 같은 위대한 이들만 문명 기획을 할 수 있는 것이 아님을 말해 준다. 관건은 자신이 속한 시대와 사회를 얼마큼 진정성을 갖고 대하는가에 있지 예컨대 개인의 인격적 위대함 등에 있지 않다. 더구나 맹자의 시대, 문명 기획은 지식인에게는 기본이었다. 지식인의 본령이 자기가 속한 시대와 사회를 지속적으로 들여다보고 그것들과 대화를 나누는 것이었기에 이는 당연한 귀결이었다. 다시 말해 맹자가 훌륭하고 위대했기 때문에 문명 기획을 수행할 수 있었음이 아니라 지식인으로서의 본령에 충실했기에 그러했다는 것이다. 오늘날에도 마찬가지다. 맹자의 시대나 오늘날이나 지식인의 본령은 동일하다. 더구나 맹자 당시 지식인은 치자 계층에 속했고 당시의 치자는 오늘날로 치자면 시민 계층에 해당한다. 우리는 주권이 국민에게 있는 민주 공화국에 살고 있기 때문이다. 따라서 맹자와 같이 문명 기획을 하는 것이 우리에게도 익숙한 일일 필요가 있다. 물론 시민 한 사람 한 사람이 모두 다 문명 기획을 해야 하는 건 아닐 수 있다. 맹자의 시대와 문명 조건이 사뭇 달라졌으므로 치자 계층이라고 하여 누구나 할 것 없이 문명 기획을 의무적으로 해야 하는 건 아니다.

그러나 문명 기획에의 참여는 시민 한 사람 한 사람 모두가 사회인으로서 응당 해야 할 바이다. 내 삶의 조건이 문명 조건과 결코 무관하지 않기 때문이다. 더구나 지금 우리 사회는 4차 산업혁명으로 대변되는 디지털 대전환, 탄소 중립·신재생 에너지 등으로 대변되는 에너지 대전환, 100세 시대·생명 연장 등으로 대변되는 바이오 대전환 같은 문명사적 격변기의 한복판에 서 있다. 이러한 대변혁은 내가 그러한 것에 관심 없다고 하여, 내가 도외시한다고 하여 피해 갈 수 있는 것이 아니다. 이들은 이미 우리 일상에 깊숙이 스며들어 있어 실질적으로 우리 삶에 적지 않은 영향을 미치고 있다. 우리 사회에서 "100세까지 연장된 삶의 기간을 어떻게 보낼 것인가?", "AI와 로봇 기술의 발전으로 인해 파생될 노동시간의 단축, 노동 없는 삶으로 인한 여가를 무엇으로 채워 갈 것인가?"와 같은 질문이 던져진 지도 제법 되었다. 문명사적 차원에서 우리 삶과 사회를 들여다보고 그 변화의 흐름을 좇아가고 선도해야 하는 건 어떤 위대한 인물이나 할 수 있는 것이 아니라 21세기 오늘을 살아가는 이들이라면 누구나 해야 하는 일인 셈이다.

이것이 맹자의 문명 기획이 오늘날 우리에게 던지는 화두다. 문명사적 대전환기에 처했을 때 치자로서, 곧 선거 등을 통해 국가 운영에 참여하는 이로서 무엇을 기본으로 해야 하는지를 명료하게 일러 주는 것이 바로 맹자의 문명 기획이라는 실천이다.

즐거움을
잊지 않은 자

맹자는 반복되는 여의치 못한 삶의 여정에도 아랑곳하지 않고 왕도의 실현을 위한 삶을 지속하였다. 더는 자신의 뜻을 세상에 펼쳐 내지 못하게 된 노년에는 고향으로 돌아가서는 제자 만장의 무리와 함께 『시경』과 『서경』의 뜻을 해설하였고 공자의 뜻을 서술하여 『맹자』 7편을 지었다는 사마천의 증언처럼 후학 양성과 저술 활동을 전개하였다. 포기하거나 좌절하지 않고 주어진 조건 속에서 자신이 해야 할 일을 치열하게 해냈음이다. 맹자의 이러한 삶의 궤적, 삶을 대하는 태도 등은 공자와 판박이였다. 그 또한 자기 뜻을 펴기 위해 천하를 주유하였지만 때를 얻지 못했고, 노년에는 고향으로 돌아와 후학 양성에 매진하였다.

:: 나의 충일함을 확인하는 즐거움

　　　　　　　　　역사를 보면, 또 살아가면서 주위를
보면 맹자나 공자같이 '목적 지향적'인 삶을 치열하게 지치지
않고 펼쳐 내는 사람들을 어렵지 않게 목도한다. 그럴 때면 종
종 "저들은 무엇으로 인해 저렇게 열심히 치열하게 사는 것일
까?", "저들을 저렇게 치열하게 살도록 만들어 준 힘은 무엇일
까?"와 같은 물음이 들곤 한다. 과연 삶을 치열하게 살아 낼 수
있게 하는 그들 안의 동력은 무엇이었을까?

　『맹자』를 보면 즐거움이 그러한 동력의 하나임을 목도하게
된다. 맹자는 순임금의 아버지 고수가 살인죄를 저지른다면 순
임금은 어떻게 하겠냐는 제자의 물음에 순은 한밤중에 고수를
업고 바닷가로 가서 천하를 잊고 즐거워할 것이라고 답했다.
맹자에게 즐거움의 힘은 천자의 자리를 하루아침에 훌훌 던져
버릴 수 있을 정도로, 야만의 지대인 바닷가에서 살면서도 천
하를 잊을 수 있을 정도로 강했다. 이러한 즐거움이면 여의하
지 못한 삶일지라도 너끈히 살아 내며 자신이 하고자 하는 일
을 꿋꿋하게 해 갈 수 있는 내적 동력이 되기에 충분했음이다.

　맹자는 그러한 즐거움의 하나로 자신의 내적 충일을 확인
하는 즐거움을 들었다. 그것도 이보다 더 큰 즐거움은 없는 최
고의 즐거움으로 꼽았다.

만사만물이 모두 나에게 갖추어져 있으니, 자신을 돌이켜 보아 성실하면 즐거움 가운데 이보다 큰 것이 없고, 힘써 용서하며 행하면 어짊을 구함에 이보다 더 나은 것이 없다.

萬物皆備於我矣, 反身而誠, 樂莫大焉, 强恕而行, 求仁莫近焉.

_「진심 상」

만사만물이 내게 모두 갖추어져 있으니 나는 내적으로 충일하다. 그러한 나를 돌이켜 보며 내가 할 수 있는 정성을 다하여 나의 내면을 성찰한다. 그럼으로써 내 안에 충일해 있는 바들을 하나하나 들여다볼 수 있게 된다. 그 결과 그 하나하나에 대하여 정확하게 알게 되고 그렇게 만사만물을 차곡차곡 장악해 가게 된다. 이는 나의 내적 충일함을 확인하는 과정에 다름 없는데 이로 인한 즐거움이 최고의 즐거움이라는 것이다. 이는 참된 즐거움은 외부적인 것에 의해 촉발되거나 지속되지 않음을 환기해 준다. 오롯이 내재하는 바에 근거하여 발원된 즐거움만이 최고의 즐거움이라는 통찰이다. 그래서 맹자는 도덕을 참된 즐거움의 한 원천으로 제시했다.

어짊의 실질은 어버이를 섬김 이것이고 의로움의 실질은 형을 따름 이것이며, 지혜로움의 실질은 이 두 가지를 알고서 이로부터 벗어나지 않음 이것이고 예의의 실상은 이 두 가지에 격식과 의례를 가함 이것

.... 자신의 내일을 스스로 기획하는 삶

이며 즐거움의 실질은 이 두 가지를 좋아하여 즐거움이 생겨남이다. 즐거움이 생겨나면 어찌 멈출 수 있겠는가? 어찌해도 멈출 수 없기에 자신도 모르는 사이에 발이 껑충대고 손이 덩실대게 된다.

仁之實, 事親是也. 義之實, 從兄是也. 智之實, 知斯二者弗去是也. 禮之實, 節文斯二者是也. 樂之實, 樂斯二者, 樂則生矣. 生則惡可已也, 惡可已則不知足之蹈之手之舞之.

_「이루 상」

지혜나 예의, 즐거움 등은 어짊과 의로움이라는 도덕과 연관되어 있는데 그중 즐거움은 어짊과 의로움을 좋아하는 데서, 달리 말해 이 둘을 실천하기 좋아하는 데서 비롯된다는 것이다. 곧 도덕이 즐거움의 원천이라는 통찰이다. 그리고 즐거움은 생겨나면 멈출 수 없는 것이요, 그 즐거움이 신체를 통해 구체적으로 구현된다고 그 속성을 조명했다. 하여 이러한 즐거움을 구비하면 저 옛날 현자 이윤처럼 설사 온 천하를 연봉으로 준다고 해도 돌아보지 않는다고 했다. 천자가 후한 예물로 초빙해도 본래 지니고 있었던 즐거움을 포기하지 않는다고 했다. "내가 탕왕의 초빙하는 예물을 가지고 무엇 하겠는가? 내가 밭고랑 사이에서 살면서 이렇게 요순의 도리를 즐김만 같겠는가?"[71]라고 반문하면서 말이다. 천자가 보내온 예물 같은 재물로부터 비롯되는, 천자의 권세 같은 권력으로부터 비롯되는 즐거움은 결코 나의 내면으로부터 비롯되는 즐거움을 능가할 수 없다는 태도다. 이러한 즐거움을 내면에 간직하였기에 설사 고단한 삶이 평생에 걸쳐 펼쳐졌을지라도 꺾이거나 주저앉지 않고 꿋꿋하게 자기 길을 걸어갈 수 있었음이다.

:: 역사를 실존에 품는 즐거움

맹자는 자신의 즐거움을 세 가지로 정리하여 제시하기도 했다. '군자삼락(君子三樂)'이라 불리는 것으로 군자에게는 다음과 같은 세 가지 즐거움이 있다고 한다.

군자에게는 세 가지 즐거움이 있지만 천하의 왕 노릇하는 것은 그에 들지 않는다. 부모가 살아 계시고 형제 무고함이 첫째 즐거움이다. 우러러 하늘에 부끄러움이 없고 굽어보아 사람들에게 부끄럽지 않은 것이 둘째 즐거움이다. 천하의 영재를 얻어 그들을 교육하는 것이 셋째 즐거움이다.

君子有三樂, 而王天下不與存焉. 父母俱存, 兄弟無故, 一樂也. 仰不愧於天, 俯不作於人, 二樂也. 得天下英才, 而敎育之, 三樂也.

_ 「진심 상」

.... 자신의 내일을 스스로 기획하는 삶

천하의 왕 노릇하는 것은 끼지도 못한다는 이 세 즐거움은 각각 개인적 차원, 윤리적 차원, 역사적 차원에서 비롯되는 즐거움이다.

첫째, 가족이 무고한 데서 비롯되는 즐거움은 기본적으로 사람은 가족의 일원이라는 점에서 지니게 되는 즐거움이다. 이는 가족의 성원으로서 지니는 현실적이고도 실질적인 즐거움이다.

둘째, 하늘에 대해 부끄러움이 없고 타인에게 대해 부끄러움이 없는 데서 발원하는 즐거움은 윤리적 차원에서의 즐거움이다. 맹자는 늘 하늘과 자신을 마주 세웠기 때문에 하늘을 우러러 부끄러움이 없음을 언급했고 사회 속에서 살아가는 한 타인과의 관계라는 차원으로부터 자유로울 수 없기에 굽어보아 사람들에 대해 부끄러움이 없음을 언급한 것이다. 이는 기본적으로 자기를 돌아봄에 부끄러움이 없다는 진술과도 통한다. 그렇기에 즐거움이 이로부터 발원될 수 있었고, 이는 내면으로부터 발원되는 즐거움이기에 어떠한 외부적 요인으로 인해 생기는 즐거움보다 더욱 클 수 있었다.

셋째, 천하의 영재를 얻어 교육하는 즐거움은 역사적 차원에서의 즐거움이다. 영재를 얻어 교육한다는 것은 후학을 양성한다는 것이고, 후학 양성은 교육을 통해 미래를 빚어 가는 일이기도 하다. 곧 후학을 통해 역사를 만들어 가는 활동이다. 하여 이는 인간이 사회적 존재이자 역사적 존재로서 지닐 수 있는 즐거움이다. 또한 미래를 빚어 가는 즐거움이고 역사와 함께하는 즐거움이기도 하다. 맹자는 역사가 자신을 당당하고 떳떳하게 만들어 주는 중요한 근거가 될 수 있다고 보았다. 권세 높은 자들은 으리으리한 집에서 살고 너비 열 자나 되는 대규모 상에 음식을 차려 놓으며 시중드는 여성이 수백 명이지만, 또 마음대로 즐기고 술을 마시며 말 달리며 사냥을 만끽하고 뒤따르는 수레가 천 대나 되지만, 이 모두는 맹자 자신은 안 하는 것들인 반면 자신에게는 옛날의 제도가 있으니 어찌 저들을 두려워하겠냐고 단언했다. 옛날의 제도란 요임금, 순임금 등으로 대변되는 옛 성인들의 뜻에 기초한 제도, 그러니까 왕도를 구현하던 제도를 가리킨다. 그것은 옳음이 입증된 역사이다. 나에게는 그러한 역사가 있으니 세상 권력이나 재력 등에 위축될 이유가 없다는 것이다. 역사는 이렇게 내면으로부터 발원되는 즐거움의 원천이 될 수 있었다. 맹자는 여기에 미래의 역사를 결합함으로써 즐거움을 극대화했다. 후학, 그러니까 미래 세대를 교육함으로써 그들을 통해 자신의 뜻을 후세에 펼쳐내는, 그렇게 미래의 역사를 만들어 가는 즐거움인지라 왕 노릇 하는 것으로 대변되는, 현세의 그 어떤 것에 의해 촉발된 즐거움보다 크다고 했던 것이다.

···· 자신의 내일을 스스로 기획하는 삶

이 세 즐거움은 어디까지나 현실적이고 실질적이다. 이상이나 당위 내지 목표로 제시된 즐거움이 아니라 정신과 신체 모두가 실제로 즐기는 즐거움이다. 그래서 이 구절에 대하여 송대 정이라는 유학자는 이 세 즐거움을 지니면 "심광체반(深廣體胖)", 그러니까 마음이 너그러워지고 육체는 살이 오르니 그 즐거움을 익히 알 수 있다는 해설을 붙였다. 마음과 몸의 실질적 변화를 일으키는 즐거움이라는 것이다. 이렇듯 몸과 마음으로 즐기는 실질적 즐거움이기에 군자삼락은 여의하지 못한 삶을 살아 낼 수 있는 내적 근거가 될 수 있었다.

:: 더불어 하는 즐거움

맹자는 왕도가 정도라고 주장하는 자신을 향한 반문을, 그러니까 과연 왕도를 실현하는 군왕이 나올 수 있냐는 질문을 종종 접하곤 했다. 그럴 때마다 맹자는 백성의 마음을 얻으면 국토의 크기나 나라의 국력과 무관하게 진정한 왕자가 될 수 있다고 하였다. 백성의 마음을 얻는다고 함은 백성과 함께한다는 뜻이다. 그래서 백성들과 더불어 함께하신다면 왕다운 왕이 됨에 무슨 어려움이 있겠느냐며 도리어 반문하기도 했다.

이처럼 맹자는 치자로서 '더불어 함께함'을 중시했다. 그리고 이를 즐거움과 연동하였다. 이를테면 이러한 식이었다.

> 맹자가 말했다. "혼자 음악을 즐김과 다른 사람과 더불어 음악을 즐김 중 어느 것이 더 즐겁겠습니까?" 제나라 선왕이 답했다. "홀로 즐김은 다른 사람과 더불어 즐김만 같지 못합니다." 맹자가 말했다. "적은 사람과 즐김 그리고 많은 사람과 더불어 즐김 중 어느 것이 더 즐겁겠습니까?" 선왕이 답했다. "적은 사람과 즐김은 많은 사람과 즐김만 같지 못합니다."

> 曰, "獨樂樂與人樂樂, 孰樂." 曰, "不若與人." 曰, "與少樂樂與眾樂樂, 孰樂." 曰, "不若與眾."
> _ 「양혜왕 하」

　　맹자는 가능한 많은 이와 더불어 함께하는 즐거움이 그렇지 않은 경우보다 즐거움의 크기가 한결 크다고 본 것이다. 같은 맥락에서 맹자는 군주가 커다란 정원을 꾸미고 그 안에 아름다운 못을 파서 즐기는 것 자체를 문제 삼지 않았다. 하루는 양 혜왕이 궁궐 정원의 연못가에 서서 물새와 사슴 등을 바라보고 있었을 때 맹자가 알현하였다. 백성은 굶주리는데 자신은 이러한 호화로운 취미에 빠져 있는 것이 멋쩍었는지 혜왕은 현인도 이러한 즐거움을 누리냐며 물었다. 그러자 맹자는 현인이 된 뒤에야 이러한 즐거움을 누리지, 어질지 못한 사람은 이러한 것들이 있더라도 누리지 못한다고 아뢰었다. 그러고는 옛 사람들은 백성들과 더불어 즐겼으므로 참되게 즐길 수 있었다면서, 『서경』에 나오는 것처럼 "이 태양은 언제 사라지는가? 내 그대와 함께 망하리라!"[72]라고 백성들이 염원한다면 아무리 좋고 아름다운 정원과 누각, 연못이 있다고 하더라도 어찌 홀로 즐길 수 있겠냐며 반문했다. 「양혜왕 상」 편에 나오는 일화다. 문제는 즐거움을 혼자 독차지하는 것이지 백성과 더불어 즐긴다면 설령 호화롭고 사치스러운 정원과 누각, 연못일지라도 무슨 문제가 되겠냐는 얘기다.

나아가 맹자는 더불어 함께함이 천하의 왕자가 되는 확실한 길이라고 확신했다.

백성의 부모가 되어 백성과 즐거움을 함께하지 않는다면 또한 잘못입니다. 백성의 즐거움을 즐거워하면 백성도 왕의 즐거움을 즐거워합니다. 백성의 근심을 근심하면 백성도 왕의 근심을 근심합니다. 천하와 더불어 즐거워하고 천하와 더불어 근심하고서도 왕다운 왕이 못 된 이는 지금껏 없었습니다.

爲民上而不與民同樂者, 亦非也. 樂民之樂者, 民亦樂其樂, 憂民之憂者, 民亦憂其憂. 樂以天下, 憂以天下, 然而不王者, 未之有也.

_「양혜왕 하」

백성과 더불어 즐긴다는 것의 위력을 잘 보여 주는 언급이다. "백성과 더불어 즐긴다"는 뜻의 "여민락(與民樂)"이라는 지향이 맹자 사상을 대표하는 것의 하나로 꼽히게 된 근거이다. 이 정도로 맹자는 더불어 함께함을 중시했다. 나라에 도가 없으면 홀로 자신을 선하게 한다고 했지만, 그것은 그야말로 최후의 선택지인 것이고 맹자는 늘 다른 사람과 더불어 선해지는 것을 지향했다. "군자에게는 다른 사람과 더불어 선을 행함보다 더 중대한 일은 없다"[73]라고 단언함도 이러한 지향의 일관된 표출이었다. 따라서 더불어 함께함으로 인해 비롯되는 즐거움을 맹자가 중시했음은 당연한 귀결이었다. 세상이 자신의 뜻을 알아주지 않고 이러저러한 핑계를 대며 거부할지라도 자신의 지향을 꿋꿋하게 밀고 나갈 수 있었던 데는 맹자의 내면에 이러한 즐거움이 있었기 때문이다.

:: 삶의 내적 근거로서의 즐거움

맹자에게는 나의 충일함을 확인하는 즐거움, 역사를 실존에 품는 즐거움, 더불어 하는 즐거움 같은 즐거움이 있었기에 그는 자신의 삶을 치열하고 꿋꿋하게 펼쳐 낼 수 있었다. 그러한 즐거움이 여의치 않은 삶을 살아내는 데의 원동력이었다는 것이다. 본래 즐거움에는, 공자가 "아

.... 자신의 내일을 스스로 기획하는 삶

는 것은 좋아함만 못하고 좋아함은 즐김만 못하다"[74]고 얘기했 듯이 자신이 하고자 하는 바를 지속해 갈 수 있는 힘이 내장되어 있었다. 맹자의 즐거움이 꼭 그러했다.

저마다 부국강병의 패도를 지향할 때 왕도를 일관되게 밀고 나갈 수 있었던 것도, 자신을 돌이켜 봄이 진정한 힘을 갖는 길이라며 인의를 줄곧 제창할 수 있었던 것도 내면의 즐거움이 충일했기 때문에 가능했다. 단적으로 맹자는 그렇게 사는 삶이 본인에게 즐거웠기에 그러한 삶을 살 수 있었다. 어떠한 상황에서도 굴하지 않고 왕도를 말하고 인의를 주창했기에 맹자의 일생은 왕도와 인의가 삶의 영순위인 삶으로 보일 수도 있다. 그러나 그 이면에는 이러한 즐거움이 있었기에 실은 즐거움을 삶의 우선순위에 두며 살았다고도 할 수 있다. 즐거움이 왕도와 인의를 치열하고도 꾸준하게 밀고 나가는 튼실한 내적 토대였음이다. 그래서 맹자는 하루아침이면 해결될 수 있는 걱정 거리에 휘둘리지 않고 평생에 걸쳐 근심해야 하는 바를 기꺼이 부여안고 씨름할 수 있었다.

군자는 평생 지속되는 근심은 있지만 하루아침에 해소될 걱정은 없다. 근심하는 것이 있다면 이러한 것이 있다. 순도 사람이고 나도 사람이다. 순은 천하에 모범이 되어 후세에 전해질 수 있었는데 나는 시골 사람임을 면치 못하고 있으니 곧 걱정할 만하다. 어떻게 걱정해야 하는 가? 순과 같아지려고 하는 것을 걱정할 따름이니 순과 같아진다면 군자가 걱정하는 바는 없게 된다. 어짊이 아니면 행하지 아니하고 예의가 아니면 행하지 아니하며 하루아침에 해소될 걱정이라면 군자는 걱정하지 않는다.

是故君子有終身之憂, 無一朝之患也. 乃若所憂則有之, 舜人也, 我亦人也, 舜爲法於天下, 可傳於後世, 我由未免爲鄕人也. 是則可憂也, 憂之如何, 如舜而已矣, 若夫君子所患則亡矣. 非仁無爲也, 非禮無行也, 如有一朝之患, 則君子不患矣.

_「이루 하」

성인 순임금과 내가 하늘의 선한 본성을 공히 타고났다는 점에서는 분명 다를 바 없지만 살아가면서 성인의 경지에 오른다는 것은 무척 어려운 일이다. 그렇기에 다를 바 없이 태어났는데 왜 나는 순임금과 같은 성인이 되지 못 하는가로 인해 근심 걱정을 할 수밖에 없게 된다. 그것도 깨어 있다면 평생에 걸쳐 걱정할 수밖에 없게 된다. 군자가 걱정을 한다면 바로 이렇게 평생 가는 근심을 걱정한다는 것이다. 그러한 걱정을 맹자는 기꺼이 품고서 해소하고자 노력해야 한다고 보았다. 평생에 걸쳐 성인이 된다는 지난한 노력을 이어 갈 수 있어야 한다고 본 셈이다. 그리고 그는 이를 너끈히 해낼 수 있다고 보았다. 다른 이유가 아닌 이를 함이 내게 즐거움이 되기 때문이요 내 안에는 참된 즐거움이 충일하기에 그러하다는 것이다.

.... 자신의 내일을 스스로 기획하는 삶

이를 맹자의 시대가 지금보다는 문명이 덜 복잡다단했기에 가능했다고 보면 안 된다. 즐거움을 삶의 내적 근거 내지 원동력으로 삼는 태도는 오늘날 우리 사회에서도 분명하게 목도된다. 일과 개인적 삶의 균형을 추구하는 워라밸(work-life balance) 풍조라든지, 불확실한 미래를 대비하기보다는 현재의 행복을 중시하며 최대한 즐거움을 누리겠다는 라이프 스타일인 '욜로(YOLO)족', 젊었을 때 최대치로 절약하고 재테크를 하여 생활자금을 넉넉하게 확보한 후 일찍 은퇴하여 하고 싶은 일을 하며 삶을 즐기겠다는 '파이어(FIRE)족' 등이 그 대표적 예다. 즐거움을 삶의 우선순위에 두었던 맹자와 오늘날의 우리가 2,300여 년의 세월을 격하여 즐겁게 만나는 대목이다.

왜 지금 다시 『맹자』인가?

살면서 고전을 자발적으로 접하기에는 넘어야 할 벽이 자못 많다. 고전을 원문으로 접하지 않고 우리말 번역본으로 접한다고 해도 사정은 별 차이가 없다. 이를테면 다수의 고전과 오늘날 독자 사이에는 상이한 시대적, 문명적 조건이라는 두꺼운 벽이 존재한다. 생각이 조금만 달라도 대화를 하고 상대를 이해하기가 쉽지 않음을 감안하면 이는 쉬이 넘을 수 있는 벽이 아니다. 고전을 읽지 않아도 살아가는 데 별 문제없는 현실도 넘기에 만만치 않은 장벽이다. 살아감에 고전을 접해야겠다는 실질적 계기가 주어지지 않는 한 고전을 자발적으로 찾아 읽기는 현실적으로 어렵기에 그러하다.

고전(苦戰)하는 고전(古典)의 역설

　　　　　　　　　　이 외에도 고전과 오늘날의 독자의
만남을 어렵게 하는 요인은 많다. 하나만 더 예를 들어 보자.
구두전승 문명에서 문자전승 문명으로 전환된 후 오랜 세월 동
안 읽기를 기반으로 하는 문명이 주류를 점해 왔다. 그런데 이
것이 디지털 문명의 본격적 전개와 맞물려 문자전승 문명은 그
위상과 비중이 흔들리고 있다. 어떤 이들은 특정 정보를 얻는
데 문자 텍스트를 통해 얻는 것이 시간이 적게 걸림에도 더 긴
시간을 들여서 동영상을 이용하여 정보를 얻는다고도 한다.
　이는 젊은 세대일수록, 어린 세대일수록 더욱 그러하다
고 한다. 갈수록 문자 텍스트를 읽는 것보다는 이미지나 동영
상 등을 보는 것을 기반으로 하는 문명이 펼쳐지고 있는 셈이
다. 게다가 글은 보더라도 책은 읽지 않는 세태가 주류를 점하
고 있는 형국이 점점 널리 퍼지고 있다. 이러한 상황에서 문자
텍스트의 덩어리인 고전을 읽는다는 것은 쉬운 일이 아닐 수밖
에 없다. 디지털 문명의 전개에 따라 텍스트 기반 고전이 갈수
록 더 고전할 수밖에 없는 까닭이다. 그런데 고전의 전망이 어
두운 것만은 아니다. 우리는 가면 갈수록 더욱더 '기초지력'이
절대적으로 요청되는 시대를 살고 있기 때문이다. 적어도 다음
세 차원에서는 분명하게 그러하다.

첫째는 지식이 이윤 창출의 고정자산이 되는 사회가 갈수록 고도화되고 있다는 점이다. 지난날 지식은 사람을 인간답게 해 주는 핵심 근거의 하나였다. 그러나 늦어도 지난 세기말부터 지식은 그러한 인간다움의 고갱이보다는 이윤 창출의 핵심 자산으로 더 각광받고 있다. 국가나 기업 차원에서만 그러함도 아니다. 대학에서 큰 학문의 연마보다는 실용적 지식 중심의 스펙 쌓기가 중시되고 사회 진출 후에도 끈질기게 자기 계발이 요청되고 있듯이, 개인 차원에서도 지식이 생계의 미더운 자산이 된 지는 꽤 되었다. 지식을 익히는 일이 전통적 의미의 공부가 아니라 생계를 유지하는 데 필요한 밑천을 획득하는 활동이 되었다는 것이다. 사회적 인간으로서 생계를 꾸려 가는 한에서는 우리는 지속적으로 지식을 익힐 수밖에 없는 사회를 살아가고 있기에 발생한 현상들이다.

둘째는 갈수록 똑똑해지는 인공지능과 더불어 살아가야 한다는 점이다. 물론 인공지능이 인간을 따라잡을 수 없다는 견해도 여전히 강하다. 일리 있는 판단이다. 그런데 이때 인공지능과 비교되는 인간은 지적, 인격적 역량을 높은 수준에서 두루 갖춘 수준의 인간임에 유의해야 한다. 이는 잘못된 비교이다. 사회생활을 할 때 사람들에게 평균적으로 요구되는 수준이 어느 정도인지를 짚어 봐야 한다. 대부분의 경우 지적, 기술적, 도덕적 역량 등을 두루 높이 갖춘 수준이 요구되지는 않는다. 하여 인공지능이 인간의 일자리를 위협한다고 할 때의 인공지능이 일상적 업무를 수행하는 데 지장이 없을 정도의 평균적 수준의 역량만 갖추면, 인공지능은 인간의 일자리를 실제로 위협하게 된다. 생성AI인 챗GPT 사례에서 볼 수 있듯이 사람처럼 높은 수준에서 두루 잘하지는 못하는 지금 수준에서도 인공지능을 우리 인간의 유력한 경쟁자로 봐야 하는 이유다. 그런데 인간이 인공지능과 협업한다면 더 나은 삶과 사회의 창출이 수월해질 것임은 분명하다. 따라서 인공지능을 인간의 경쟁자로만 보는 편협한 시각에서 벗어나서 적어도 인공지능과 협업할 수 있는 역량을 갖출 필요가 있다. 그러려면 평생에 걸쳐 학습해야 한다. 지금 이 순간에도 인공지능은 진화를 멈추고 있지 않기에 그것과 능률적으로 협업하려면 인공지능과 협업하는 방법 등 디지털 문해력을 지속적으로 확충해 가야 한다. 게다가 우리에게는 초고령 사회가 임박해 있다. 100세 시대의 도래가 운위되듯이 노년의 삶이 그만큼 늘어나고 있다. 평생직장 패러다임이 붕괴된 지 자못 되었고, 사회 진출 후 첫 직업으로 평생의 삶을 지탱하는 시절도 지나갔다. 제2, 제3의 직업을 가질 수 있거나 아니면 평생직업이 가능한 역량을 갖추어야 한다. 이를 위해서는 스스로 추가적, 계속적 학습을 지속해 갈 수 있는 역량, 곧 기초지력을 튼실하게 갖추는 일이 필요하다.

셋째는 지식 습득의 패러다임이 한창 변하고 있다는 점이다. 지식 습득에 있어 이전까지는 지식을 필요한 만큼 얼마나 많이 또 높은 수준으로 학습했는지가 관건이었다. 하지만 이제는 빠른 속도로 갱신되는 지식을 얼마큼 시의성 있게 빠르게 습득하고 갱신해 가며 활용해 갈 수 있는지가 관건이 되고 있다. 갈수록 그러할 수 있는 역량을 갖추는 것이 사뭇 중요해지고 있다. 게다가 이러한 역량의 구비는 중고등학교나 대학을 다닐 때에만 해야 하는 바가 아니라 대학 졸업 후에도 지속적으로 갖추고 보완해 갈 수 있어야 한다. 생계를 꾸려 가는 한편으로 학습을 지속적으로 수행해야 한다는 것이다. 이를테면 다시 대학 같은 제도권 교육기관에 들어가 교육을 받을 수 없는 삶의 조건 아래 생활해 가면서 그때그때 습득이 요구되는 새로운 지식을 유의미한 수준 이상으로 학습해야 하는 시대가 펼쳐지고 있다. 기초지력 함양의 필요성이 재차 강조될 수밖에 없는 대목이다. 이에 학습한 지식의 양과 질보다는 스스로 계속 학습해 갈 수 있는 역량, 곧 기초지력을 키우는 것이 중고등학교 교육을 비롯한 대학 교육, 평생교육의 중요한 목표가 되고 있다.

이러한 상황은 고전을 다시 현실로 소환한다. 고전이 다른 모든 지식의 기초이자 근간으로 활용되어 왔던 그간의 역사가 잘 말해 주듯이, 기초지력을 계발하고 이를 학습을 통해 구비하는 데 고전 학습은 가성비가 뛰어난 가장 확실한 길이기 때문이다. 게다가 문명이 한창 변이되고 있을 때에는, 달리 말해 새로운 문명을 한창 빚어 가고 있을 때에는 원천으로 돌아가 문명의 변이를 비판적으로 조명해 보는 작업이 필요하다. 르네상스의 거두 중 한 명인 에라스무스가 "원천으로 돌아가자(Ad Fomtes)"는 명제를 제시했고 이에 기초하여 서구 근대문명이 빚어진 데서 목도할 수 있듯이 원천으로 돌아가 문명의 변이를 조명하고 새로운 문명 빚기의 동력을 확보하는 일은 역사적으로 검증된 미래 만들기의 미더운 방도다. 고전의 현실 소환 필요성이 더욱더 강조되는 까닭이다.

결국 고전과 독자 사이에 존재하는 문명 조건의 차이로 인해, 또 텍스트 읽기 기반 문명에서 동영상을 보고 듣는 문명으로의 전이 등으로 인해 고전이 고전할 수밖에 없지만, 또 문명 조건의 변이로 인한 기초지력의 함양 필요성 때문에 고전이 다시 현실로 소환될 수밖에 없는 역설적 상황이 벌어진 셈이다. 2,300여 년이나 되는 저 먼 옛날, 우리나라도 아닌 중국에서 출현한 『맹자』와 같은 고전이 오늘날 한국인에게도 여전히 유효한 이유이기도 하다.

바꾸어 읽기라는 독법

문명 조건의 변이로 인해 고전이 다시금 소환될 수밖에 없다고 해도 고전과 독자 사이에 놓여 있는 간극을 메꾸는 일은 여전히 필요하다. 고전이 생산된 시대와 오늘날의 독자가 처한 시대는 문명 조건이 사뭇 다르고, 세계관이나 가치관, 사유 방식, 감각 등도 엄연히 다르다. 따라서 고전과 오늘의 독자 사이를 매개해 주는 징검다리가 필요하다. 바꾸어 읽기는 그러한 징검다리 가운데 하나이다.

바꾸어 읽기란 고전의 내용을 곧이곧대로 오늘날에 적용하는 방식이 아니라 과거의 소산인 고전을 오늘의 시점에서 이해하고 오늘을 살아가는 데의 쓸모 있는 자산으로 활용하기 위해 고전에서 당시의 언어와 당시의 가치 기준 등으로 말한 것을 "어떤 문제와 마주하고 있는가?", "어떠한 문제를 제기하고자 한 것인가?", "궁극적으로 무엇을 말하고자 하였는가?" 등의 관점에서 다시금 이해하고, 이것을 오늘날의 상황에 투입하여 오늘의 언어와 오늘의 가치 기준 등을 토대로 바꾸어 읽는 것을 가리킨다. 가령 맹자가 전개한 항산론에 대해 맹자는 항산론과 관련하여 어떠한 문제와 당면하고 있었는지, 무슨 문제를 제기하고자 한 것인지, 항산론의 개진을 통해 궁극적으로 무엇을 말하고자 하였는지를 파악하고, 이를 오늘날의 상황에 투입하여 오늘날에 대한 언급으로 바꾸어 읽는다는 것이다. 곧 맹자의 "풍년이든 흉년이든 백성의 삶이 기본적 수준에서 지속 가능하게 해 주는 방도는 없는가?"라는 당면한 문제의식과 도덕을 기반으로 하여 국가를 안정되게 경영한다는 궁극적 지향은 예컨대 전 국민에게 일정 수준 이상의 기본소득의 획득이 가능하게 해 줌으로써 성숙한 시민의식의 함양을 실현하고 이를 바탕으로 한 민주주의의 온전한 실현이라는 오늘날의 지향으로 바꾸어 읽을 수 있다는 것이다.

맹자가 여의하지 못한 삶을 당당하고도 일관되게 살아낼 수 있었던 내적 근거인 즐거움도 이런 식으로 바꾸어 읽을 수 있다. 맹자는 '나의 충일함을 확인하는 즐거움', '역사를 실존에 품는 즐거움', '더불어 하는 즐거움' 같은 즐거움을 얘기했다. 이는 맹자가 자신이 당면한 삶의 조건, 그러니까 부국강병으로 대변되는 패도정치가 극성하고 성인의 말씀에 의거한 왕도정치가 배척되는 현실에서 자신의 뜻을 어떻게 꺾이지 않고 일관되고도 꿋꿋하게 개진해 갈 수 있는가라는 문제의식에 대하여 스스로 찾아낸 답변이었다. 삶의 외적 조건이 나의 뜻을 펼쳐 냄에 여의하지 않다면 외부로부터 내 신념과 의지를 지속할 수 있는 동력을 확보하기 어려워진다. 그렇다면 내부로부터 그러한 동력을 확보하는 것이 유일한 길이 된다. 이에 맹자는 내적으로 그러한 동력을 확보하기 위한 방도로 상술한 바와 같은 즐거움을 갖추었던 것이다. 자신에게 우호적이지 않은 삶의 외적 조건을 가로질러 자신의 뜻을 펼쳐 낼 수 있는 내적 근거를 확보하기 위해 내적 즐거움의 세계를 단단하게 구축했음이다.

이를 오늘날과 바꾸어 읽는다면 예컨대 이런 식이다. 맹자의 즐거움 논의에서는 "즐거움=삶의 동력"이라는 원리의 추출이 가능하다. 이를 오늘날 독자의 실존에 적용하면, 오늘날에도 즐거움은 여전히 삶의 동력이 된다는 전제 아래 "맹자의 시대, '나의 충일함을 확인하는 즐거움', '역사를 실존에 품는 즐거움', '더불어 하는 즐거움' 같은 즐거움이 즐거움의 실체였다면 내가 사는 이 시대에서는 즐거움의 실체가 무엇일까?" 식으로의 바꾸어 읽기가 가능해진다. 또한 맹자가 그러한 즐거움을 토대로 자신의 뜻하는 바의 삶을 지속했다면, 이는 "오늘날 나의 삶을 무엇으로 지속 가능하게 해 갈 것인가?"와 같은 물음으로, 또 "세상이 나를 속일지라도 나를 내 의지대로 살아내게 하는 힘은?" 식으로 바꾸어 읽기가 가능해진다. 나아가 "권력도 재력도 노쇠함도 앗아가지 못하는, 곧 권력도 없고 재력도 없으며 몸이 노쇠할지라도 나의 뜻과 활력을 유지, 갱신해 갈 수 있게 하는 내 안의 원동력은?"이라는 물음으로도 바꾸어 읽을 수 있다. 특히 워라밸, '저녁이 있는 삶'과 같은 풍조에서 목도되듯이, 일과 개인 삶의 밸런스를 중시하는 풍조가 점차 확산되는 게 우리 현실의 한 단면이라면 더더구나 즐거움을 오늘날로 바꾸어 읽을 여지는 크다고 할 수 있다.

맹자의 우정론도 오늘날로 바꾸어 읽을 수 있다. 역사를 거슬러 올라가 옛사람들과 벗한다는 상우론에서 "맹자는 왜 이런 식으로, 그러니까 '자기 고을 → 나라 → 천하 → 역사' 식으로 범위를 확장해 가는 전략을 취했을까?", "이러한 전략을 통해 무엇을 실현하고자 했을까?"라는 물음을 구성해 낼 수 있다. 그리고 이에 대하여 가령 "수신의 차원에서 자신을 지속적으로 성장시키기 위해"라든지 "비유컨대 '전국구급'의 경쟁력을 갖춰야 함을 권계하기 위해서"와 같은 답을 구성해 낼 수 있다. 맹자가 왕도를 기반으로 하는 중국의 큰 통일을 기획하고 있었기에 통일된 중국에서도 경쟁력을 지니려면 한 나라 차원에서 통용될 수 있는 경쟁력으로는 한계가 있으니 천하에서 통용될 수 있는 경쟁력을 갖추어야 한다는 취지에서 그러한 전략을 구사했다고 볼 수 있다. 맹자가 보기에 벗은 이러한 성장과 성취를 이루는 데 도움이 되어야 하는 존재다. 하여 맹자는 벗은 천하라는 공시적 차원에서도 또 역사라는 통시적 차원에서도 최고가 되는 데 꼭 필요한 존재라는 관점을 제시했다. 또한 맹자의 벗 담론은 기본적으로 치자 계층을 대상으로 한, 다시 말해 현직 관리이거나 관리 지망생을 대상으로 한 당부였다. 치자 계층에게 벗함은 사적, 개인적 영역의 활동만이 아니라 공적, 사회적 영역의 활동이기도 했다. 그래서 이러한 성격을 지닌 벗함이 이로운 관계여야 한다는 맹자의 당부는 곧 벗함이 사적 이로움뿐 아니라 공적 이로움 구현에도 도움이 되어야 한다는 관점이기도 하다.

이는 예컨대 이러한 식으로 바꾸어 읽을 수 있다. 벗함과 관련하여 맹자가 당면했던 문제, 곧 서로에게 도움이 되는 관계의 형성이라는 화두는 오늘날에도 여전히 유효하다. 모든 벗함이 다 서로에게 도움이 되어야 하는 건 아니지만 이럴 필요가 있다는 데는 이견의 여지가 적다. 벗함을 통한 공적 이로움의 구현이라는 맹자의 지향 또한 마찬가지다. 지금 공적, 사회적 관계 형성의 매개가 되는 것이 무엇인지를 짚어 보자. 이른 바 혈연, 지연, 학연 같은 인연이다. 그런데 이들은 사회적 병폐로 지탄받곤 한다. 이들을 기반으로 공적, 사회적 관계를 맺음이 그 자체로 문제라는 뜻은 아니다. 이들을 벗함이 공적 이로움의 구현으로 작동되지 못하고 주로 사적 이익의 실현 쪽으로 작동된다는 점에서 병폐로 몰리곤 한다. 하여 벗함을 통해 공적 이로움을 구현한다는 맹자의 궁극적 지향은 오늘날에도 여전히 유효하다. 이를테면 그건 사회적 관계를 맺음에 공적 우정을 어떻게 구현할 것인가라는 문제로 바꾸어 읽을 수 있다. 관건은 벗함을 통해 어떻게 공적 이로움을 구현하는지에 있지 무엇을 기반으로 벗하게 되었느냐에 있지 않다. 혈연, 지연, 학연을 기반으로 벗 관계가 형성되었더라도 공적인 영역에서는 공적 이해관계 실현에 벗 관계가 기여할 수 있으면 된다는 얘기다. 아니면 아무런 연이 없더라도 공적 이로움의 실현이라는 목표를 공유하는 이들끼리 그것을 위해 벗 관계를 형성할 수도 있다. 이렇듯 맹자의 우정론은 공적 영역에서 병폐를 유발하곤 하는 사적 우정을 어떻게 공적 우정으로 대체할 것인가라는 차원에서 오늘날과 바꾸어 읽을 수 있게 된다.

비단 항산론이나 즐거움, 우정에 대한 논의만 오늘날과 바꾸어 읽을 수 있음은 아니다. 맹자의 성선설이나 역성혁명론, 도덕론 등도 너끈히 오늘날과 바꾸어 읽을 수 있다. 관건은 고전의 내용을 곧이곧대로 오늘날에 적용하려 않는 것, 바꾸어 읽기라는 징검다리를 거쳐야 비로소 오늘날에 유의미하고도 적실하게 대입해 가며 읽을 수 있다는 점을 기억하는 것이다. 물론 이는 기본적으로 고전을 읽고자 하는 노력이 뒷받침되어야 가능한 얘기이지만 말이다.

맹자를 만나야 하는 이유

이제 21세기 첨단 디지털 문명을 구현하고 있는 우리 사회에서 왜 『맹자』를 읽어야 하는지에 대하여 몇 가지 첨언함으로써 글을 맺고자 한다.

첫째는 맹자가 여의하지 못한 삶일지라도 그 삶을 능동적으로 살아낼 수 있는 힘과 길을 보여 주었다는 점이다. 단적으로 맹자는 세상이 나를 받아들여 주지 않아도 내 할 일은 계속한다는 태도를 보여 주었다. 이 책에서 반복해서 강조했지만 외적으로만 볼 때 맹자는 결코 여의한 삶을 살지 못했다. 가는 곳마다 결국에는 배척당했고 자신의 학설이 세상 물정과 동떨어졌다며 조롱당하기도 했다. 그러함에도 맹자는 치열하고도 꿋꿋하게 또 당당하게 자기 삶을 펼쳐 냈다. 『맹자』그 어디에도 꺾이거나 주저앉아서 세상 탓하고 신세 한탄이나 하는 맹자의 모습은 하나도 보이지 않는다. 노쇠하여 더는 자신의 뜻을 펼칠 수 있는 곳을 찾아다닐 수 없게 되었을 때도 고전에 대한 해설과 저술로 일상의 삶을 여전히 능동적으로 구성해 갔다. 세상의 권력도, 재력도 또 세월의 흐름으로 인한 노쇠함도 맹자의 능동적 삶이라는 의지와 지향을 꺾지 못했음이다. 고대 중국에서는 '회재불우'라고 하여 큰 재주를 품었음에도 때를 만나지 못하여 그 역량을 펼쳐 내지 못한 이들에 주목하여 왔다. 맹자가 사숙한 공자도 그러했고, 맹자 자신도 회재불우의 삶을 산 전형적 인물이었다. 맹자는 설령 이러한 회재불우한 상황에 처할지라도 삶에 대하여 어떠한 태도를 지녀야 하는지를 잘 보여 주었다. 적어도 삶의 외적 조건이 어떠한가와 무관하게 '나'가 살고 싶은 삶을 사는 데 필요한 역량을, '나'의 길을 걸어감에 필요한 역량을 어떻게 갖추어야 할 것인가를 보여 주었다는 점에서 맹자의 삶이 오늘날에 던져 주는 의미는 작다고 할 수 없다.

둘째는 맹자가 치자는 어떻게 사회적 삶을 영위해야 할 것인가에 대한 한 전형을 보여 주었다는 점이다. 맹자는 치자로서 무엇을 해야 하는가를 스스로 찾아가는 삶의 궤적을 보여 주었다. 치자로서 그는 사람의 선함에 대한 확고한 믿음을 간직했다. 사람은 하늘의 선함을 누구나 타고난 존재요, 그 본성은 어짊과 의로움 같은 덕목으로 사람의 마음에 내재되어 있다고 굳건히 믿었다. 그가 보기에 사람이 선해질 수 있는 까닭은 이와 같이 사람은 생성되는 순간에 이미 선했기 때문이다. 그렇기에 백성은 반드시 교화될 수 있다고 보았다. 관건은 위정자다. 맹자는 위정자가 백성을 교화할 의지만 있다면 백성이 교화되지 않을 이유가 없다고 보았다. 위정자는 모름지기 백성과 더불어 선을 행하고, 그들과 더불어 즐거움을 누리며, 그들의 걱정을 먼저 걱정해야 한다고 한 까닭이다. 또한 맹자는 치자는 강한 내면을 지녀야 한다고 보았다. 사람이 타고나기는 선할지라도 현실의 인간은 그 선한 본성을 제대로 보존하지 못한 경우가 대다수이므로, 그러한 외적 현실로 인해 자신의 뜻이 오염되거나 침탈되어서는 안 되었다. 하여 강한 내면의 구축이 무엇보다도 요구되었다. 맹자는 이를 내적 즐거움을 갖추고, 달리 말해 내면의 힘을 키우고 자신의 근거를 하늘에서 찾는 등의 길을 통해 실효성 있게 수행해 냈다. 그 결과 관직에 중용되었는가와 무관하게 치자로서의 사명, 그러니까 세상의 목탁이라는, 또 역사의 전범이라는 역할을 성공적으로 수행했다. 이는 치자, 그러니까 천하 통치, 나라 경영에 참여하고 있고 또 참여하고자 하는 이로서 지녀야 하는 기본적 삶의 태도일 수 있다는 점에서 그 의미가 자못 크다. 또한 이는 오늘날의 치자 계층, 곧 주권을 소유한 시민 계층에게도 유효한 태도일 수 있다. 자본주의니 신자유주의니 하는 거대한 시스템에 마주할 수 있는 힘을 갖추게 할 수 있기에 그러하다.

셋째는 『맹자』에 우리를 구성하는 것의 일부가 담겨 있기 때문이다. 우리 사회는 어디까지나 서구 근대문명을 기반으로 형성되어 있고 운영되고 있음은 부인할 수 없는 사실이다. 그러는 한편으로 우리는 '조선왕조 5백 년의 문민전통'이 오늘날에도 오롯이 살아 있다는 식의 진단에 동의한다. 조선이 성리학의 나라를 표방한 만큼 맹자로 대변되는 성리학의 전통이 디지털 대전환, 에너지 대전환, 바이오 대전환 등이 운위되는 오늘날 여기, 우리 한국 사회에서 적지 않은 영향을 미치고 있다는 얘기다. 그것이 지금 여기의 우리를 구성하는 인자 가운데 어엿한 하나라는 뜻이다. 자기를 구성하는 것에 대한 탐구는 중요하다. 자본주의 사회에 산다면 자본주의에 대해 잘 아는 것이 중요하고 이것이 실질적으로 이로운 것처럼 말이다. 역사는 우리의 일부를 구성하는 의심할 수 없는 중요한 인자이다. 우리 사회에 대하여, 우리에 대하여, 우리 현실에 대하여 실질적으로 작동되며 영향을 미치는 역사에 대하여 알고자 한다면 성리학을 피해 갈 수 없고, 성리학을 알고자 한다면 맹자를 피해 갈 수 없게 된다. 2,300여 년 전의 한반도와 만주를 생각해 보자. 무엇이 떠오르는가? 아득하기만 할 것이다. 그렇게 오래전인 맹자가 실은 오늘날의 우리와 그렇게 아마득하게 절연되어 있지 않았음이다.

주석

1 「고자 상」, "此天之所與我者."

2 「이루 상」, "爭地以戰, 殺人盈野, 爭城以戰, 殺人盈城. 此所謂率土地而 食人肉, 罪不容於死."

3 『순자』「왕제」, "草木有生而無知, 禽獸有知而無義, 人有氣有生有知, 亦 且有義. 故最爲天下貴也."

4 「고자 상」, "心之管則思."

5 「고자 상」, "非獨賢者有是心也, 人皆有之."

6 「등문공 상」, "人之有道也, 飽食煖衣逸居而無敎, 則近於禽獸."

7 「진심 상」, "君子之於物也, 愛之而弗仁, 於民也, 仁之而弗親."

8 「고자 상」, "魚我所欲也, 熊掌亦我所欲也. 二者不可得兼, 舍魚而取熊 掌者也. 生亦我所欲也, 義亦我所欲也. 二者不可得兼. 舍生而取義者也."

9 「이루 상」, "徒善不足以爲政, 徒法不能以自行."

10 「등문공 하」, "彭更問曰, 後車數十乘, 從者數百人, 以傳食於諸侯, 不以 泰乎."

11 「등문공 하」, "非其道則, 一簞食, 不可受於人, 如其道則舜受堯之天下, 不以爲泰."

12 「진심 상」, "五畝之宅, 樹墻下以桑, 匹婦蠶之, 則老者足以衣帛矣. 五母 鷄, 二母彘, 無失其時, 老者足以無失肉矣. 百畝之田, 匹夫耕之, 八口之家 可以無饑矣."

13 「만장 하」, "仕非爲貧也, 而有時乎爲貧, 娶妻非爲養也, 而有時乎爲養."

14 「진심 상」, "五十非帛不煖, 七十非肉不飽."

15 「이루 상」, "人之患在好爲人師."

16 「양혜왕 상」, "叟不遠千里而來, 亦將有以利吾國乎."

17 「양혜왕 상」, "王若隱其無罪而就死地則, 牛羊何擇焉."

18 「이루 상」, "苟不志於仁, 終身憂辱, 以陷於死亡."

19 「양혜왕 상」, "望之不似人君, 就之而不見所畏焉."

20 「공손추 하」, “夫天未欲平治天下也, 如欲平治天下, 當今之世, 舍我其誰也.”

21 「공손추 상」, “自反而縮, 雖千萬人, 吾往矣.”

22 「이루 상」, “自暴者不可與有言也, 自棄者不可與有爲也.”

23 「진심 상」, “於不可已而已者, 無所不已.”

24 『논어』「옹야」, “力不足者, 中道而廢. 今女畫.”

25 「이루 하」, “王者之迹熄而詩亡, 詩亡然後春秋作. 晉之乘楚之檮杌魯之春秋一也.”

26 『논어』「헌문」, “以直報怨.”

27 『노자』, “報怨以德.”

28 「공손추 상」, “吾嘗聞大勇於夫子矣. 自反而不縮, 雖褐寬博, 吾不惴焉, 自反而縮, 雖千萬人, 吾往矣.”

29 「공손추 상」, “其爲氣也, 至大至剛, 以直養而無害, 則塞於天地之間. 其爲氣也, 配義與道, 無是餒也.”

30 『논어』「위정」, “見義不爲, 無勇也.”

31 『논어』「헌문」, “若臧武仲之知, 公綽之不欲, 卞莊子之勇, 冉求之藝, 文之以禮樂, 亦可以爲成人矣.”

32 『논어』「헌문」, “仁者必有勇.”

33 『춘추좌전』 선공 4년, “仁而不武, 無能達也.”

34 『춘추좌전』 문공 4년, “死而不義, 非勇也.”

35 『춘추좌전』 애공 16년, “率義之謂勇.”

36 「공손추 상」, “射者正己而後發, 發而不中, 不怨勝己者, 反求諸己而已矣.”

37 「이루 상」, “反求諸己, 其身正而天下歸之.”

38 「공손추 상」, “永言配命, 自求多福.”

39 「고자 상」, “仁, 人心也.”

40 「양혜왕 상」, “老吾老以及人之老, 幼吾幼以及人之幼, 天下可運於掌.”

41 『논어』「자한」, “毋友不如己者.”

42 『여씨춘추』「선실람」「관세」, "不如吾者, 吾不與處, 累我者也. 與我齊者, 吾不與處, 無益我者也."

43 「등문공 상」, "鄉田同井, 出入相友."

44 『순자』「대략」, "友者, 所以相有也."

45 『논어』「학이」, "有朋自遠方來, 不亦樂乎."

46 『역경』「계사전 상」, "君子之道, 或出或處, 或黙或語, 二人同心, 其利斷金, 同心之言, 其臭如蘭."

47 「만장 하」, "不挾長, 不挾貴, 不挾兄弟而友. 友也者, 友其德也."

48 『예기』「학기」, "樂其友而信其道."

49 『성자명출(性自命出)』, "同方而交, 以道者也. 不同方而交, 以故者也. 同悦而交, 以德者也. 不同悦而交, 以猷者也."

50 『춘추좌전』 환공 6년, "夫民, 神之主也, 是以聖王先成民而後致力於神."

51 「만장 상」, "不, 不然也. 天與賢則與賢, 天與子則與子."

52 『상서』「湯誓」, "時日害喪, 予及女偕亡."

53 『법언』「연건」, "勇於義而果於德, 不以貪富貴賤死生動其心."

54 「진심 상」, "待文王而後, 興者凡民也. 若夫豪傑之士, 雖無文王獨興."

55 「진심 상」, "萬物皆備於我矣."

56 「고자 상」, "誨人必以規矩, 學者亦必規矩."

57 「양혜왕 하」, "吾之不遇魯侯天也, 臧氏之子焉能使予不遇哉."

58 『논어』「자한」, "文王旣沒, 文不在玆乎. 天之將喪斯文也, 後死者不得與於斯文也. 天之未喪斯文也, 匡人其如予何."

59 「이루 상」, "誠者天之道也, 思誠者人之道也."

60 「진심 상」, "盡其心者知其性也, 知其性則知天矣."

61 「이루 상」, "順天者存, 逆天者亡."

62 「만장 상」, "莫之爲而爲者天也, 莫之致而至者命也."

63 「고자 상」, "天生蒸民."

64 「만장 상」, "予天民之先覺者也."

65 「진심 상」, "萬物皆備於我矣."

66 『맹자집주』, “蓋天地之正氣, 而人得以生者. … 其本體不虧, 而充塞無
   間矣.”

67 「진심 상」, “正己而物正者也.”

68 「진심 하」, “脩其身而天下平.”

69 “天生我材必有用.”

70 「진심 상」, “廣土衆民, 君子欲之, 所樂不存焉. 中天下而立, 定四海之民,
   君子樂之.”

71 「만장 상」, “我豈若處畎畝之中, 由是以樂堯舜之道哉.”

72 『서경』 「탕서」, “時日害喪, 予及女偕亡.”

73 「공손추 상」, “君子莫大乎與人爲善.”

74 『논어』 「옹야」, “知之者不如好之者, 好之者不如樂之者.”

이 저서는 2019년 대한민국 교육부와 한국연구재단의 지원을 받아 수행된 연구입니다(NRF-2019S1A5C2A04080968).

EBS 클래스ⓔ 시리즈 38

맹자에게 배우는 나를 지키며 사는 법

1판 1쇄 발행 2023년 2월 28일

지은이 김월회

펴낸이 김유열 | **지식콘텐츠센터장** 이주희 | **지식출판부장** 박혜숙
지식출판부 · 기획 장효순, 최재진, 서정희 | **마케팅** 최은영, 이정호 | **제작** 윤석원
북매니저 정지현, 윤정아, 이미애, 경영선
방송 김현우, 서경민, 정명, 신미림, 조성애

책임편집 정진라 | **디자인** 오하라 | **인쇄** 우진코니티

펴낸곳 한국교육방송공사(EBS)
출판신고 2001년 1월 8일 제2017-000193호
주소 경기도 고양시 일산동구 한류월드로 281
대표전화 1588-1580 | **이메일** ebsbooks@ebs.co.kr
홈페이지 www.ebs.co.kr

ISBN 978-89-547-7264-8 04300
　　　978-89-547-5388-3 (세트)

ⓒ 2023. 김월회